Polish—English

# Bilingual Visual
# Dictionary

Milet

**Milet Publishing**
Smallfields Cottage, Cox Green
Rudgwick, Horsham, West Sussex
RH12 3DE England
info@milet.com
www.milet.com
www.milet.co.uk

First English-Polish edition published by Milet Publishing in 2012

ISBN 978 1 84059 692 2

Designed by Christangelos Seferiadis

Printed and bound in Turkey by Ertem Matbaası

# Contents  Treść

■ **Animals**
*Birds...4*
*Domestic Animals...7*
*Insects...10*
*Reptiles & Amphibians...12*
*Sea Creatures...14*
*Wild Animals...16*

■ **The Human Body***...21*

■ **House**
*Structure of House...24*
*Living Room...25*
*Bedroom...26*
*Bathroom...27*
*Dining Room...28*
*Kitchen...29*
*Household Objects...32*
*Domestic Appliances...34*

■ **Clothing & Personal objects**
*Clothing...38*
*Personal Objects...42*

■ **Tools***...48*

■ **Technology***...52*

■ **Food***...54*
*Fruit & Vegetables...55*
*Bakery...62*
*Nuts...64*
*Meat...65*
*Miscellaneous Food...66*
*Dairy Products...70*
*Beverages...71*

■ **Transportation**
*Vehicles...72*
*Other...80*

■ **Nature**
*Plants...82*
*Land Forms...89*
*Weather...94*

■ **Earth and Space**
*Earth...96*
*Space...98*
*Environment...100*

■ **Sports***...102*

■ **The Arts***...108*

■ **Musical Instruments***...110*

■ **Time***...114*

■ **School***...118*

■ **Numbers***...124*

■ **Shapes & Colors**
*Shapes...130*
*Colors...132*

■ **Punctuation Marks***...134*

■ **Symbols***...135*

■ **Index***...136*

**Zwierzęta**
*Ptaki...4*
*Zwierzęta domowe...7*
*Owady...10*
*Gady i płazy...12*
*Zwierzęta morskie...14*
*Dzikie zwierzęta...16*

**Ludzkie ciało***...21*

**Dom**
*Konstrukcja domu...24*
*Pokój dzienny...25*
*Sypialnia...26*
*Łazienka...27*
*Jadalnia...28*
*Kuchnia...29*
*Sprzęty domowe...32*
*Sprzęt gospodarstwa domowego...34*

**Odzież i przedmioty osobiste**
*Odzież...38*
*Przedmioty osobiste...42*

**Narzędzia***...48*

**Technika***...52*

**Pożywienie***...54*
*Owoce i warzywa...55*
*Piekarnia...62*
*Orzechy...64*
*Mięso...65*
*Pożywienie różne...66*
*Produkty mleczne...70*
*Napoje...71*

**Transport**
*Pojazdy...72*
*Inne...80*

**Przyroda**
*Rośliny...82*
*Formacje terenu...89*
*Pogoda...94*

**Ziemia i kosmos**
*Ziemia...96*
*Kosmos...98*
*Środowisko naturalne...100*

**Sport***...102*

**Sztuka***...108*

**Instrumenty muzyczne***...110*

**Czas***...114*

**Szkoła***...118*

**Liczby***...124*

**Kształty i kolory**
*Kształty...130*
*Kolory...132*

**Znaki interpunkcyjne***...134*

**Znaki***...135*

**Indeks***...136*

robin
rudzik

crow
wrona

beak
dziób

claw
pazur

feather
pióro

cage
klatka

eagle
orzeł

egg
jajko

falcon
sokół

flamingo
flaming

**gull**
**mewa**

**hawk**
**jastrząb**

**heron**
**czapla**

**lovebird**
**papużka nierozłączka**

**nest**
**gniazdo**

**ostrich**
**struś**

**owl**
**sowa**

**parrot**
**papuga**

**peacock**
**paw**

5

**pelican**
**pelikan**

**pigeon**
**gołąb**

**sparrow**
**wróbel**

**stork**
**bocian**

**swallow**
**jaskółka**

**swan**
**łabędź**

**vulture**
**sęp**

**wing**
**skrzydło**

**woodpecker**
**dzięcioł**

**barn**
**stodoła**

**bull**
**byk**

**calf**
**cielę**

**cow**
**krowa**

**cat**
**kot**

**kitten**
**kociak**

**dog**
**pies**

**doghouse**
**psia buda**

**puppy**
**szczenię**

**collar**
**obroża**

**goose**
**gęś**

**chick**
**pisklę**

**hen**
**kura**

**crest**
**grzebień**

**rooster**
**kogut**

**duck**
**kaczka**

**turkey**
**indyk**

**lamb**
**jagnię**

**goat**
**koza**

**sheep**
**owca**

**camel**
**wielbłąd**

**pig**
**świnia**

**donkey**
**osioł**

**pet**
**zwierzę chowane w domu**

**horse**
**koń**

**hoof**
**kopyto**

**ant**
**mrówka**

**moth**
**ćma**

**beetle**
**żuk**

**cocoon**
**kokon**

**caterpillar**
**gąsienica**

**butterfly**
**motyl**

**cricket**
**świerszcz**

**grasshopper**
**konik polny**

**dragonfly**
**ważka**

**bee**
**pszczoła**

**beehive**
**ul**

**wasp**
**osa**

**ladybird**
**biedronka**

**mosquito**
**komar**

**fly**
**mucha**

**scorpion**
**skorpion**

**spider**
**pająk**

**cobweb**
**pajęczyna**

**snail**
**ślimak**

**chameleon**
**kameleon**

**frog**
**żaba**

**crocodile**
**krokodyl**

**iguana**
**iguana**

**newt**
**traszka**

**lizard**
**jaszczurka**

**earthworm**
**dżdżownica**

**salamander**
**salamandra**

**snake**
**wąż**

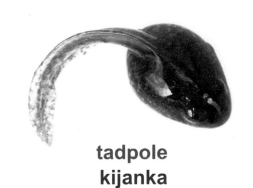

**tadpole**
**kijanka**

**toad**
**ropucha**

**tortoise**
**żółw lądowy**

**jellyfish**
**meduza**

**crab**
**krab**

**crayfish**
**rak**

**dolphin**
**delfin**

**lobster**
**homar**

**whale**
**wieloryb**

**fish**
**ryba**

**octopus**
**ośmiornica**

**penguin**
**pingwin**

**seahorse**
**konik morski**

**seal**
**foka**

**shark**
**rekin**

**walrus**
**mors**

**starfish**
**rozgwiazda**

**turtle**
**żółw wodny**

**seaweed**
**wodorosty**

**coral**
**koral**

**bat**
**nietoperz**

**bear**
**niedźwiedź**

**koala**
**koala**

**polar bear**
**niedźwiedź polarny**

**elephant**
**słoń**

**tusk**
**cios**

**raccoon**
**szop pracz**

**chimpanzee**
**szympans**

**gorilla**
**goryl**

**giraffe**
**żyrafa**

**skunk**
**skunks**

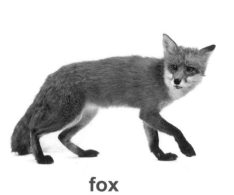

**fox**
**lis**

**wolf**
**wilk**

**monkey**
**małpa**

17

**cub**
**młode**

**mane**
**grzywa**

**leopard**
**lampart**

**lion**
**lew**

**tiger**
**tygrys**

**llama**
**lama**

**kangaroo**
**kangur**

**zebra**
**zebra**

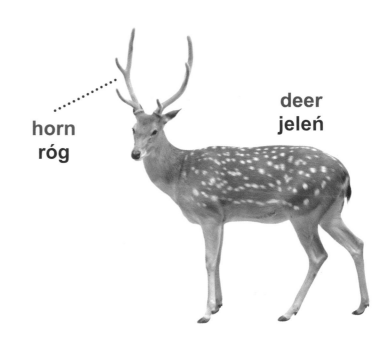

**horn**
**róg**

**deer**
**jeleń**

**hippopotamus**
**hipopotam**

**fawn**
**jelonek**

**panda**
**panda**

**rhinoceros**
**nosorożec**

19

**mole**
**kret**

**hedgehog**
**jeż**

**mouse**
**mysz**

**squirrel**
**wiewiórka**

**tail**
**ogon**

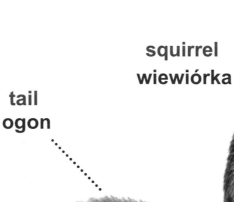

**rat**
**szczur**

**rabbit**
**królik**

**otter**
**wydra**

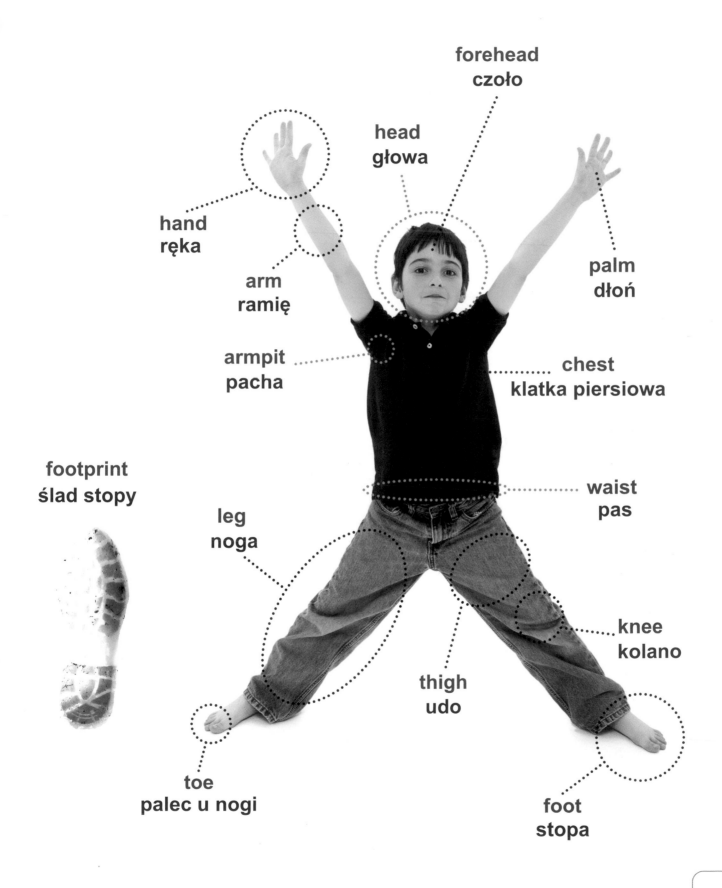

forehead
czoło

head
głowa

hand
ręka

palm
dłoń

arm
ramię

armpit
pacha

chest
klatka piersiowa

footprint
ślad stopy

waist
pas

leg
noga

knee
kolano

thigh
udo

toe
palec u nogi

foot
stopa

21

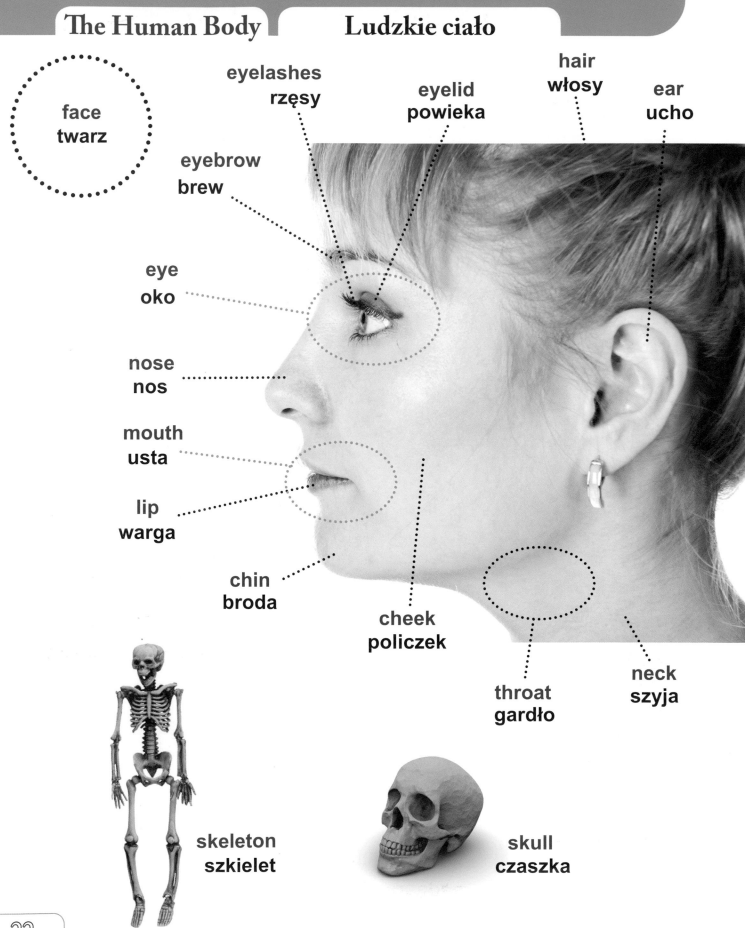

face
twarz

eyelashes
rzęsy

eyelid
powieka

hair
włosy

ear
ucho

eyebrow
brew

eye
oko

nose
nos

mouth
usta

lip
warga

chin
broda

cheek
policzek

throat
gardło

neck
szyja

skeleton
szkielet

skull
czaszka

**shoulder**
**bark**

**elbow**
**łokieć**

**navel**
**pępek**

**hip**
**biodro**

**shin**
**goleń**

**calf**
**łydka**

**ankle**
**kostka**

**heel**
**pięta**

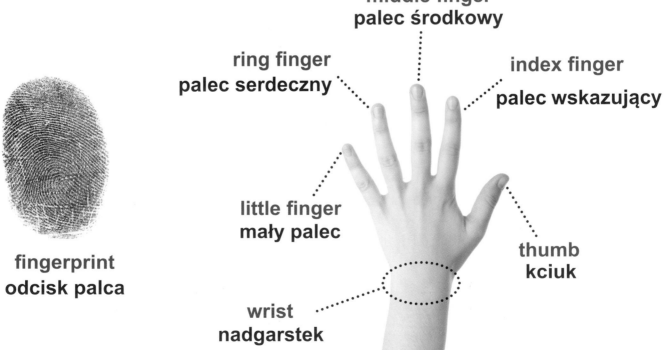

**middle finger**
**palec środkowy**

**ring finger**
**palec serdeczny**

**index finger**
**palec wskazujący**

**little finger**
**mały palec**

**thumb**
**kciuk**

**fingerprint**
**odcisk palca**

**wrist**
**nadgarstek**

house
dom

roof
dach

attic
strych

chimney
komin

window
okno

door
drzwi

ground floor
parter

steps
schody

wall
mur

**ceiling**
**sufit**

**curtain**
**zasłona**

**sofa**
**kanapa**

**fireplace**
**kominek**

**floor**
**podłoga**

**cushion**
**poduszka**

**rocking chair**
**fotel na biegunach**

**armchair**
**fotel**

**folding chair**
**krzesło składane**

**carpet**
**dywan**

**pillow**
**poduszka**

**sheet**
**prześcieradło**

**blanket**
**koc**

**bed**
**łóżko**

**wardrobe**
**szafa**

**comforter**
**kołdra**

**rug**
**chodnik**

**towel**
**ręcznik**

**mirror**
**lustro**

**shower**
**prysznic**

**soap**
**mydło**

**bathtub**
**wanna**

**plumbing**
**instalacja wodno-kanalizacyjna**

**shelf**
**półka**

**toilet**
**sedes**

**sponge**
**gąbka**

**toilet paper**
**papier toaletowy**

**chair**
**krzesło**

**dining table**
**stół**

**cabinet**
**kredens**

**tableware**
**naczynia stołowe**

**stool**
**stołek**

**refrigerator**
**lodówka**

**pot**
**garnek**

**bowl**
**miska**

**pressure cooker**
**szybkowar**

**frying pan**
**patelnia**

**bottle**
**butelka**

**glass**
**szklanka**

**jar**
**słój**

**shaker**
**solniczka**

**knife**
**nóż**

**jug**
**dzbanek**

**plate**
**talerz**

**fork**
**widelec**

**spoon**
**łyżka**

**scale**
**waga**

**sink**
**zlew**

**faucet**
**kran**

**cutting board**
**deska do krojenia**

**juice extractor**
**sokowirówka**

**burner**
**palnik**

**teapot**
**dzbanek do herbaty**

**teaspoon**
**łyżeczka do herbaty**

**basket**
**koszyk**

**box**
**pudełko**

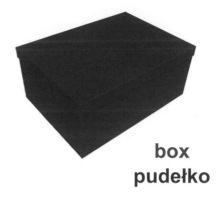

**broom**
**miotła**

**bucket**
**wiadro**

**candle**
**świeca**

**clock**
**zegar**

**clothespin**
**klamerka do bielizny**

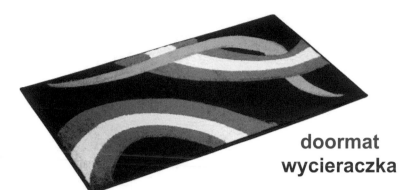

**doormat**
**wycieraczka**

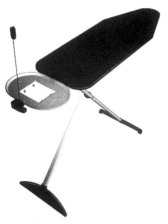

**ironing board**
**deska do prasowania**

**jerrycan**
**kanister**

**flowerpot**
**doniczka**

**vase**
**wazon**

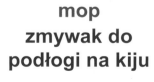

**mop**
**zmywak do**
**podłogi na kiju**

**sack**
**worek**

33

**air conditioner**
**klimatyzator**

**radiator**
**kaloryfer**

**ceiling fan**
**wiatrak**

**bedside lamp**
**lampka nocna**

**desk lamp**
**lampka biurkowa**

**chandelier**
**żyrandol**

**floor lamp**
**lampa stojąca**

**lamp**
**lampa**

**toaster**
**opiekacz**

**deep fryer**
**frytkownica**

**electric cooker**
**kuchenka elektryczna**

**oven**
**piekarnik**

**microwave oven**
**mikrofalówka**

**sewing machine**
**maszyna do szycia**

**doorbell**
**dzwonek u drzwi**

**food processor**
**robot kuchenny**

**electrical outlet**
**gniazdko elektryczne**

**blender**
**mikser**

**door handle**
**klamka**

**dishwasher**
**zmywarka**

**television**
**telewizor**

**iron**
**żelazko**

**washing machine**
**pralka**

**vacuum cleaner**
**odkurzacz**

**dress**
**sukienka**

**suit**
**garnitur**

**tracksuit**
**dres**

**pocket**
**kieszeń**

**jumpsuit**
**kombinezon**

**bathrobe**
**szlafrok**

**swimming trunks**
**kąpielówki**

**swimsuit**
**kostium**
**kąpielowy**

**blouse**
**bluzka**

**cardigan**
**sweter rozpinany**

**sweater**
**sweter**

**shirt**
**koszula**

**t-shirt**
**koszulka bawełniana**

**jeans**
**dżinsy**

**shorts**
**krótkie spodenki**

**skirt**
**spódnica**

**trousers**
**spodnie**

**cap**
**czapka**

**beret**
**beret**

**hat**
**kapelusz**

**bow tie**
**muszka**

**belt**
**pasek**

**tie**
**krawat**

**scarf**
**szalik**

**foulard**
**chusta**

**glove**
**rękawiczka**

**flip-flops**
**japonki**

**slippers**
**kapcie**

**sandal**
**sandał**

**boots**
**długie buty**

**heel**
**obcas**

**sneakers**
**buty sportowe**

**shoes**
**buty**

**socks**
**skarpetki**

**shoelaces**
**sznurowadła**

**diamond**
**brylant**

**emerald**
**szmaragd**

**ruby**
**rubin**

**earrings**
**kolczyki**

**ring**
**pierścionek**

**necklace**
**naszyjnik**

**bracelet**
**bransoletka**

**jewellery**
**biżuteria**

**watch**
**zegarek**

**backpack**
**plecak**

**briefcase**
**teczka**

**badge**
**identyfikator**

**passport**
**paszport**

**shoulder bag**
**torba na ramię**

**suitcase**
**walizka**

**walking stick**
**laska**

**wallet**
**portfel**

**purse**
**portmonetka**

**umbrella**
**parasol**

**clothes brush**
**szczotka do ubrania**

**clothes hanger**
**wieszak**

**button**
**guzik**

**cloth**
**materiał**

**ribbon**
**wstążka**

**reel**
**szpulka**

**thread**
**nić**

**zipper**
**zamek błyskawiczny**

**comb**
**grzebień**

**hairbrush**
**szczotka do włosów**

**perfume**
**perfumy**

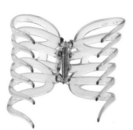

**hairpin**
**spinka do włosów**

**hair dryer**
**suszarka do włosów**

**eye glasses**
**okulary**

**sunglasses**
**okulary przeciwsłoneczne**

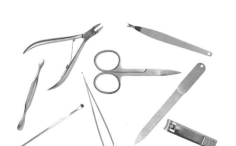

**manicure set**
**zestaw przyborów**

**nail file**
**pilniczek do paznokci**

**tweezers**
**pinceta**

**nail clippers**
**cążki do obcinania**
**paznokci**

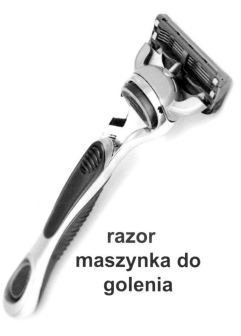

**razor**
**maszynka do**
**golenia**

**electric razor**
**elektryczna maszynka**
**do golenia**

**toothbrush**
**szczoteczka do**
**zębów**

**toothpaste**
**pasta do zębów**

**shaving brush**
**pędzel do golenia**

**gas lighter**
**zapalarka**

**matchbox**
**pudełko zapałek**

**key**
**kluczyk**

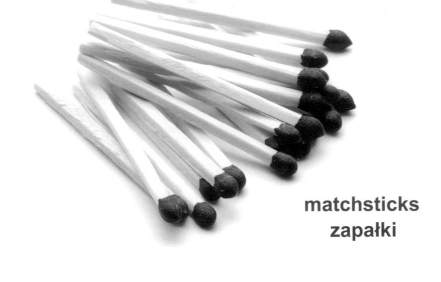

**matchsticks**
**zapałki**

**sewing needle**
**igła krawiecka**

**pins**
**szpilki**

**safety pin**
**agrafka**

# Tools | Narzędzia

**adjustable wrench**
**klucz nastawny**

**combination wrenches**
**klucz francuski**

**long-nose pliers**
**szczypce**

**mole wrench**
**klucz nastawny**

**open ended wrench**
**klucz płaski**

**slip joint pliers**
**szczypce nastawne**

**nut**
**nakrętka**

**toolbox**
**skrzynka na narzędzia**

**spirit level**
**poziomica**

**battery**
**bateria**

**car battery**
**akumulator**

**drill bit**
**wiertło**

**electric drill**
**wiertarka elektryczna**

**screw**
**wkręt**

**screwdriver**
**śrubokręt**

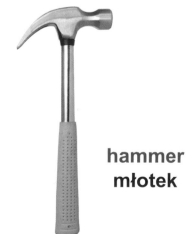

**hammer**
**młotek**

**nail**
**gwóźdź**

**mallet**
**drewniany młotek**

chain
łańcuch

fire extinguisher
gaśnica

safety helmet
kask ochronny

padlock
kłódka

ladder
drabina

plug
wtyczka

torch
latarka

tape measure
taśma miernicza

**axe**
**siekiera**

**chisel**
**dłuto**

**handsaw**
**piła ręczna**

**hose**
**szlauch**

**rope**
**lina**

**rake**
**grabie**

**pickax**
**kilof**

**shovel**
**łopata**

**wheelbarrow**
**taczka**

**answering machine**
**automatyczna sekretarka**

**telephone**
**telefon**

**monitor**
**monitor**

**chip**
**chip**

**computer**
**komputer**

**keyboard**
**klawiatura**

**scanner**
**skaner**

**printer**
**drukarka**

**newspaper**
**gazeta**

**microphone**
**mikrofon**

**cable**
**kabel**

**earphones**
**słuchawki**

**speaker**
**głośnik**

**radio**
**radio**

**video camera**
**kamera wideo**

**supermarket**
**supermarket**

**checkout**
**kasa**

**market**
**targ**

**restaurant**
**restauracja**

**apple**
**jabłko**

**appricot**
**morela**

**avocado**
**awokado**

**banana**
**banan**

**blackberry**
**jeżyna**

**blueberry**
**jagoda**

**raspberry**
**malina**

**strawberry**
**truskawka**

**cherry**
**czereśnia**

**grape**
**winogrono**

**kiwi**
**kiwi**

**peach**
**brzoskwinia**

**grapefruit**
**grejpfrut**

**mandarin**
**mandarynka**

**orange**
**pomarańcza**

**melon**
**melon**

**watermelon**
**arbuz**

**pear**
**gruszka**

**plum**
**śliwka**

**mango**
**mango**

**pomegranate**
**granat**

**quince**
**pigwa**

**pineapple**
**ananas**

**coconut**
**kokos**

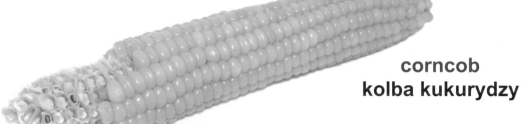

**corncob**
**kolba kukurydzy**

**corn**
**kukurydza**

**carrot**
**marchew**

**lemon**
**cytryna**

**mushroom**
**grzyb**

**garlic**
**czosnek**

**pepper**

**papryka**

**chili pepper**
**papryka chili**

**tomato**
**pomidor**

**cucumber**
**ogórek**

**onion**
**cebula**

**potato**
**ziemniak**

**pumpkin**
**dynia**

**okra**
**okra**

**green bean**
**fasolka szparagowa**

**peas**
**groszek**

**artichoke
karczoch**

asparagus
szparag

**broccoli
brokuł**

**cauliflower
kalafior**

cabbage
kapusta

**aubergine
bakłażan**

**marrow
kabaczek**

turnip
rzepa

**celery**
**seler naciowy**

**lettuce**
**sałata**

**spinach**
**szpinak**

**leek**
**por**

**radish**
**rzodkiewka**

**spring onion**
**dymka**

**dill**
**koperek**

**mint**
**mięta**

**parsley**
**pietruszka**

**flour**
**mąka**

**bread**
**chleb**

**slice of bread**
**kromka chleba**

**crackers**
**krakersy**

**chocolate chip cookie**
**ciastko z kawałkami czekolady**

**cookie**
**ciastko**

**toast**
**grzanka**

**pie**
**placek**

**pizza**
**pizza**

**burger**
**hamburger**

**sandwich**
**kanapka**

**cake**
**ciasto**

**pancakes**
**naleśniki**

**almond**
**migdał**

**hazelnut**
**orzech laskowy**

**chestnut**
**kasztan**

**pistachio**
**orzeszek pistacjowy**

**peanut**
**orzech ziemny**

**walnut**
**orzech włoski**

**chicken**
**kurczak**

**ground beef**
**mielone mięso**

**sausage**
**kiełbasa**

**steak**
**befsztyk**

**fish**
**ryba**

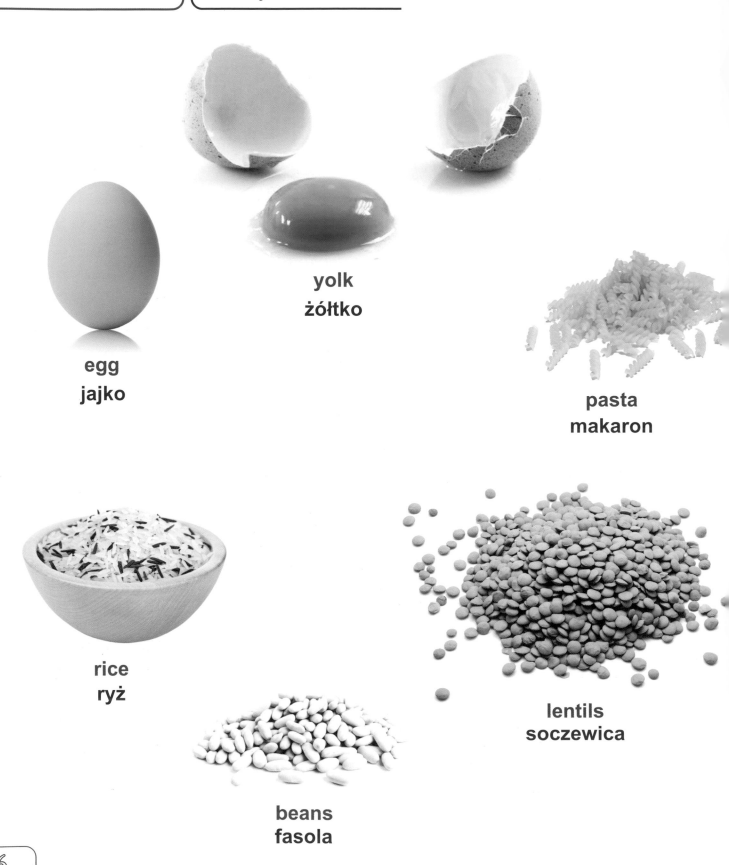

**yolk**
**żółtko**

**pasta**
**makaron**

**egg**
**jajko**

**rice**
**ryż**

**lentils**
**soczewica**

**beans**
**fasola**

**oil
olej**

**olive oil
oliwa z oliwek**

**canned food
żywność w puszkach**

**olive
oliwki**

**honey
miód**

**salad**
**sałatka**

**salt**
**sól**

**black pepper**
**pieprz czarny**

**French fries**
**frytki**

**snacks**
**przekąska**

**soup**
**zupa**

**candies**
**cukierki**

**breakfast**
**śniadanie**

**sugar**
**cukier**

**chocolate**
**czekolada**

**dessert**
**deser**

**ice cream**
**lody**

**popcorn**
**prażona**
**kukurydza**

**butter**
**masło**

**cheese**
**ser**

**cream**
**śmietana**

**milk**
**mleko**

**yogurt**
**jogurt**

**fruit juice**
**sok owocowy**

**coffee**
**kawa**

**lemonade**
**lemoniada**

**orange juice**
**sok pomarańczowy**

**water**
**woda**

**ice cube**
**kostka lodu**

**tea**
**herbata**

71

**windscreen**
**przednia szyba**

**car**
**samochód**

**hood**
**maska**

**spoke**
**szprycha**

**tire**
**opona**

**fender**
**zderzak**

**headlight**
**reflektor**

**trunk**
**bagażnik**

**steering wheel**
**kierownica**

**gas cap**
**korek wlewu paliwa**

**windscreen wipers**
**wycieraczki przedniej szyby**

**engine**
**silnik**

**minivan**
**furgonetka**

**van**
**furgonetka**

**camper van**
**samochód z częścią**
**mieszkalną**

**pickup truck**
**pikap**

**dump truck**
**wywrotka**

**truck**
**ciężarówka**

**transporter**
**platforma do przewożenia samochodów**

**tow truck**
**wóz holowniczy**

**bulldozer**
**buldożer**

**digger truck**
**koparka**

**forklift**
**wózek widłowy**

**tractor**
**traktor**

**fire truck**
**wóz strażacki**

**ambulance**
**karetka pogotowia**

**police car**
**wóz policyjny**

**race car**
**samochód wyścigowy**

**bicycle**
**rower**

**saddle**
**siodełko**

**handlebars**
**kierownica**

**wheel**
**koło**

**brake**
**hamulec**

**pedal**
**pedał**

**scooter**
**skuter**

**motorcycle**
**motocykl**

**traffic light**
**światło sygnalizatora**

**stroller**
**wózek**

**rollerblade**
**wrotka**

**sled**
**sanki**

**airplane**
**samolot**

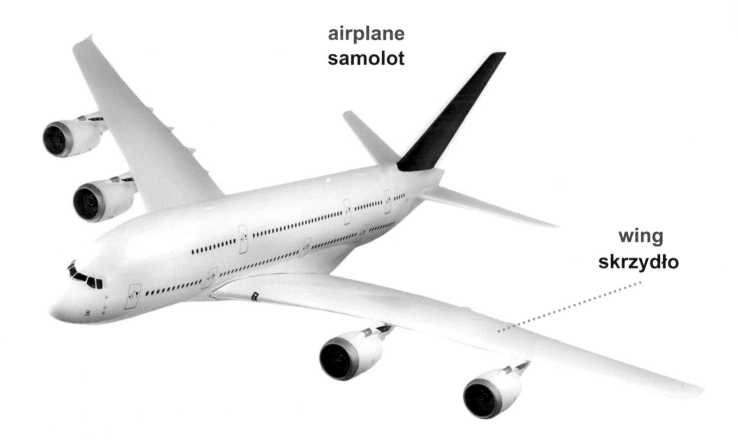

**wing**
**skrzydło**

**helicopter**
**helikopter**

**flight deck**
**pokład załogowy**

**wagon**
**wagon**

**streetcar**
**tramwaj**

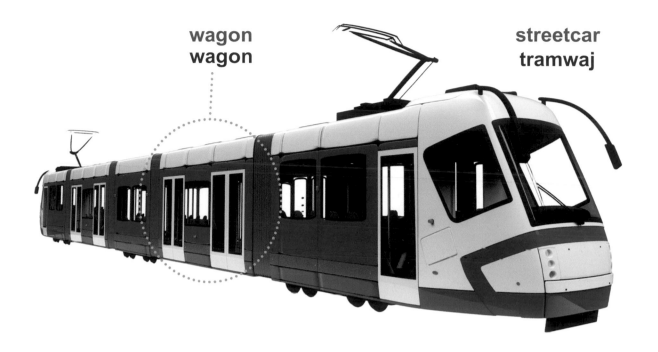

**train**
**pociąg**

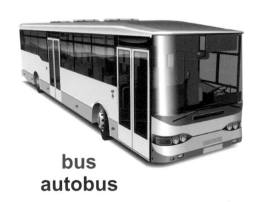

**bus**
**autobus**

**underground**
**kolej podziemna**

**container ship**
**kontenerowiec**

**cruise ship**
**statek wycieczkowy**

**container**
**kontener**

**yacht**
**jacht**

**deck**
**pokład**

**ship**
**statek**

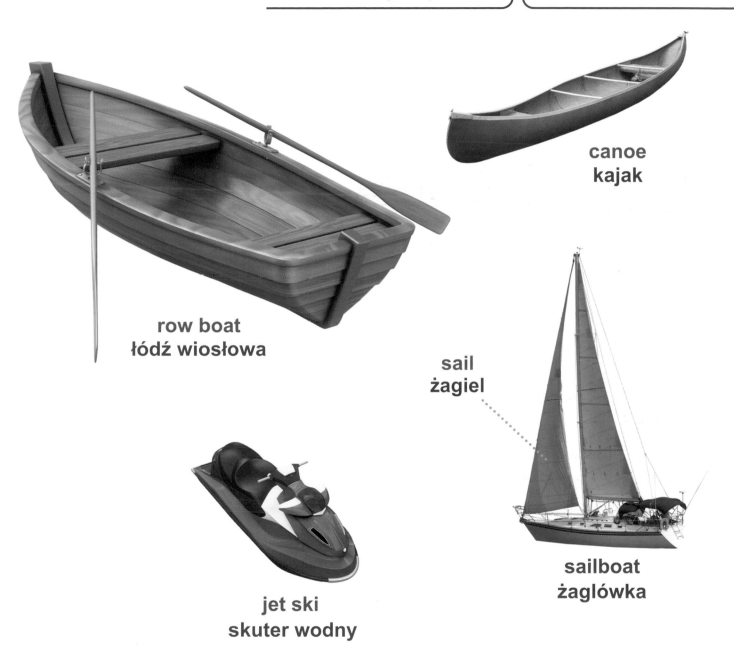

**canoe**
**kajak**

**row boat**
**łódź wiosłowa**

**sail**
**żagiel**

**sailboat**
**żaglówka**

**jet ski**
**skuter wodny**

**submarine**
**okręt podwodny**

**airport**
**lotnisko**

**passenger terminal**
**terminal lotniczy**

**bus stop**
**przystanek autobusowy**

**crosswalk**
**przejście dla pieszych**

**sidewalk**
**chodnik**

**street**
**ulica**

**road**
**droga**

**highway**
**droga szybkiego ruchu**

**traffic**
**ruch uliczny**

**garage**
**garaż**

**gas station**
**stacja benzynowa**

**gas pump**
**dystrybutor paliwa**

**bridge**
**most**

**pier**
**molo**

**port**
**port**

**railroad station**
**stacja kolejowa**

**railroad track**
**tor kolejowy**

**tunnel**
**tunel**

**bud**
**pąk**

**camellia**
**kamelia**

**begonia**
**begonia**

**cotton**
**bawełna**

**daisy**
**stokrotka**

**carnation**
**goździk**

**fuchsia**
**fuksja**

gardenia
gardenia

geranium
pelargonia

hyacinth
hiacynt

jonquil
żonkil

iris
irys

jasmine
jaśmin

lavender
lawenda

lilac
bez

magnolia
magnolia

moss
mech

narcissus
narcyz

nettle
pokrzywa

poppy
mak

weed
chwast

snapdragon
lwia paszcza

orchid
orchidea

water lily
lilia wodna

snowdrop
przebiśnieg

rose
róża

tulip
tulipan

**sunflower**
**słonecznik**

**palm tree**
**palma**

**vineyard**
**winnica**

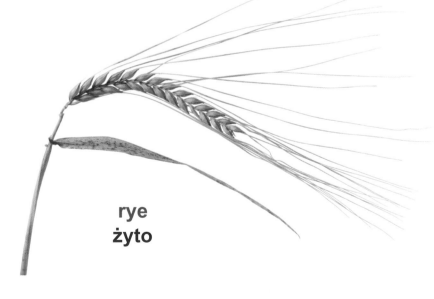

**rye**
**żyto**

**oats**
**owies**

**pine cone**
**szyszka sosnowa**

**wheat**
**pszenica**

cactus
kaktus

grass
trawa

root
korzeń

bush
krzak

stem
łodyga

tree
drzewo

leaf
liść

petal
płatek

**garden**
**ogród**

**wood**
**drewno**

**field**
**pole**

**log**
**bal**

**harvest**
**żniwa**

**hay**
**siano**

**beach**
**plaża**

**coast**
**wybrzeże**

**island**
**wyspa**

**sand**
**piasek**

**ocean**
**ocean**

**marsh**
**moczary**

**lake**
**jezioro**

**river**
**rzeka**

**pebbles**
**kamyki**

**stream**
**strumień**

**waterfall**
**wodospad**

**desert**
**pustynia**

**layer**
**warstwa**

**stone**
**kamień**

**clay**
**glina**

**hill**
**wzgórze**

**mountain**
**góra**

**jungle**
**dżungla**

**forest**
**las**

**soil**
**ziemia**

**cliff**
**klif**

**path**
**ścieżka**

**valley**
**dolina**

**cave**
**jaskinia**

**rocky landscape**
**krajobraz skalisty**

**rock**
**skała**

**coal**
**węgiel**

**slope**
**stok**

**volcano**
**wulkan**

**avalanche**
**lawina**

**snow**
**śnieg**

**frost**
**szron**

**icicle**
**sopel**

**hail**
**grad**

**cloud**
**chmura**

**lightning**
**błyskawica**

**tornado**
**tornado**

**rain**
**deszcz**

**fog**
**mgła**

**flood**
**powódź**

**wind**
**wiatr**

**Europe**
**Europa**

**North America**
**Ameryka Północna**

**South America**
**Ameryka Południowa**

**Asia**
**Azja**

**Africa**
**Afryka**

**Australia**
**Australia**

**Earth**
**Ziemia**

**Moon**
**Księżyc**

**Sun**
**Słońce**

**Saturn**
**Saturn**

**Venus**
**Wenus**

**Uranus**
**Uran**

**Jupiter**
**Jowisz**

**Mars**
**Mars**

**Mercury**
**Merkury**

**Neptune**
**Neptun**

**galaxy**
**galaktyka**

**space**
**przestrzeń kosmiczna**

**Milky Way**
**Droga Mleczna**

**satellite dish**
**antena satelitarna**

**astronaut**
**astronauta**

**space shuttle**
**prom kosmiczny**

**space station**
**stacja kosmiczna**

**canal**
**kanał**

**dam**
**tama**

**wave**
**fala**

**watermill**
**młyn wodny**

**countryside**
**wieś**

**mud**
**błoto**

**puddle**
**kałuża**

**disaster**
**katastrofa**

**earthquake**
**trzęsienie ziemi**

**flame**
**płomień**

**fire**
**pożar**

**ember**
**rozżarzony węgielek**

**fossil**
**skamielina**

**American football**
**futbol amerykański**

**archery**
**łucznictwo**

**athletics**
**lekkoatletyka**

**badminton**
**badminton**

**cricket**
**krykiet**

**weightlifting**
**podnoszenie ciężarów**

**cycling**
**kolarstwo**

**basketball**
**koszykówka**

**diving**
**nurkowanie**

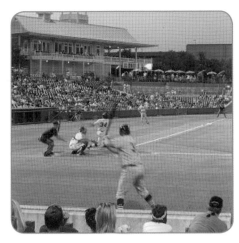

**baseball**
**baseball**

**hand gliding**
**szybowiec**

**judo**
**dżudo**

**taekwondo**
**taekwondo**

**wrestling**
**zapasy**

**fencing**
**szermierka**

**handball**
**piłka ręczna**

**high jump**
**skok wzwyż**

**golf**
**golf**

**hurdles**
**bieg przez płotki**

**horse racing**
**wyścigi konne**

**horse riding**
**jazda konna**

**javelin**
**rzut oszczepem**

**mountaineering**
**alpinizm**

**marathon**
**maraton**

**volleyball**
**siatkówka**

**rafting**
**spływ pontonem**

**rowing**
**wioślarstwo**

**sailing**
**żeglarstwo**

**water skiing**
**narciarstwo wodne**

**skiing**
**narciarstwo**

**snowboarding**
**snowboarding**

**ice hockey**
**hokej na lodzie**

**speed skating**
**łyżwiarstwo szybkie**

**soccer**
**piłka nożna**

**stadium**
**stadion**

**table tennis**
**tenis stołowy**

**tennis**
**tenis**

**swimming pool**
**basen**

**swimming**
**pływanie**

**water polo**
**piłka wodna**

**compass**
**kompas**

**sleeping bag**
**śpiwór**

**stopwatch**
**stoper**

**tent**
**namiot**

**canvas**
**płótno**

**palette**
**paleta**

**picture**
**obraz**

**picture frame**
**rama obrazu**

**easel**
**sztaluga**

**bust**
**popiersie**

**statue**
**posąg**

DONATELLO

**audience**
**publiczność**

**auditorium**
**widownia**

**ballet**
**balet**

**cinema**
**kino**

**concert**
**koncert**

**museum**
**muzeum**

**orchestra**
**orkiestra**

**theater**
**teatr**

**stage**
**scena**

**mandolin**
**mandolina**

**banjo**
**bandżo**

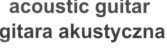

**acoustic guitar**
**gitara akustyczna**

**electric guitar**
**gitara elektryczna**

**balalaika**
**bałałajka**

**harp**
**harfa**

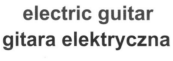

**accordion**
**akordeon**

**piano**
**fortepian**

**harmonica**
**harmonijka ustna**

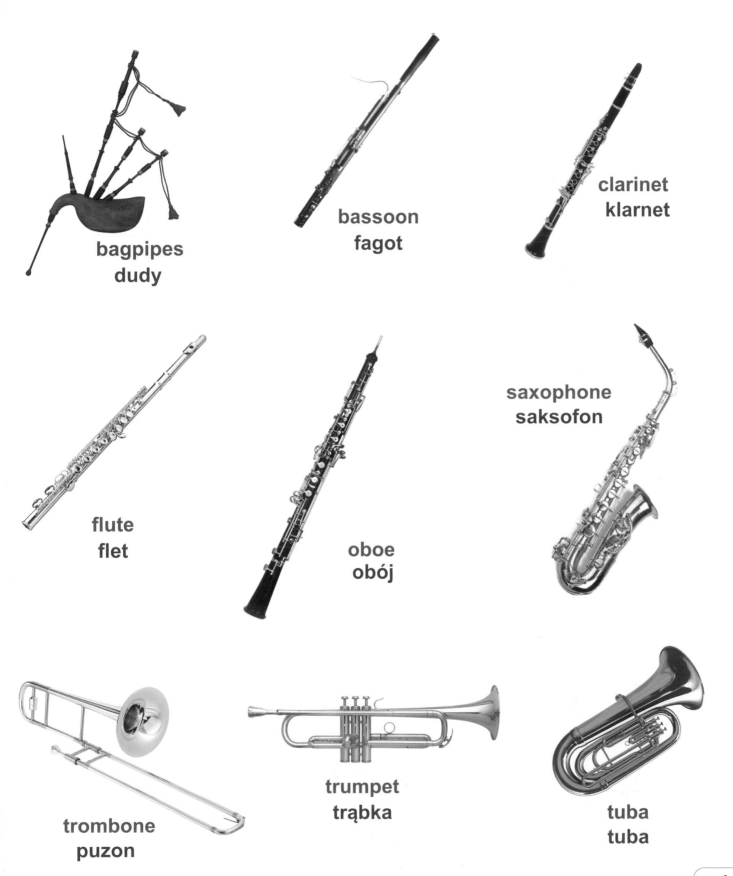

bagpipes
dudy

bassoon
fagot

clarinet
klarnet

flute
flet

oboe
obój

saxophone
saksofon

trombone
puzon

trumpet
trąbka

tuba
tuba

**bass drum**
**bęben**

drumsticks
**pałeczki do gry na perskusji**

**cymbal**
**talerz**

**drum kit**
**perskusja**

**tambourine**
**tamburyn**

**snare drum**
**werbel**

**timpani**
**kotły**

**cello**
**wiolonczela**

**violin**
**skrzypce**

**double bass**
**kontrabas**

**music stand**
**pulpit**

**metronome**
**metronom**

**tuning fork**
**kamerton**

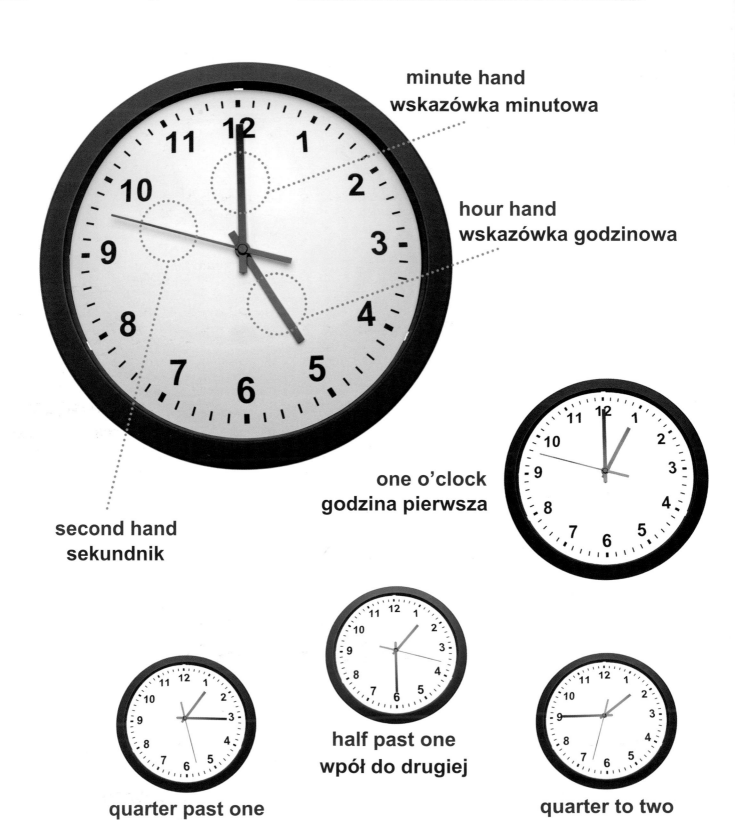

minute hand
wskazówka minutowa

hour hand
wskazówka godzinowa

second hand
sekundnik

one o'clock
godzina pierwsza

half past one
wpół do drugiej

quarter past one
kwadrans po pierwszej

quarter to two
za kwadrans druga

**week**
**tydzień**

## 2013

**year**
**rok**

### January
| Sun | Mon | Tue | Wed | Thu | Fri | Sat |
|---|---|---|---|---|---|---|
| 30 | 31 | 1 | 2 | 3 | 4 | 5 |
| 6 | 7 | 8 | 9 | 10 | 11 | 12 |
| 13 | 14 | 15 | 16 | 17 | 18 | 19 |
| 20 | 21 | 22 | 23 | 24 | 25 | 26 |
| 27 | 28 | 29 | 30 | 31 | 1 | 2 |
| 3 | 4 | 5 | 6 | 7 | 8 | 9 |

### February
| Sun | Mon | Tue | Wed | Thu | Fri | Sat |
|---|---|---|---|---|---|---|
| 27 | 28 | 29 | 30 | 31 | 1 | 2 |
| 3 | 4 | 5 | 6 | 7 | 8 | 9 |
| 10 | 11 | 12 | 13 | 14 | 15 | 16 |
| 17 | 18 | 19 | 20 | 21 | 22 | 23 |
| 24 | 25 | 26 | 27 | 28 | 1 | 2 |
| 3 | 4 | 5 | 6 | 7 | 8 | 9 |

### March
| Sun | Mon | Tue | Wed | Thu | Fri | Sat |
|---|---|---|---|---|---|---|
| 24 | 25 | 26 | 27 | 28 | 1 | 2 |
| 3 | 4 | 5 | 6 | 7 | 8 | 9 |
| 10 | 11 | 12 | 13 | 14 | 15 | 16 |
| 17 | 18 | 19 | 20 | 21 | 22 | 23 |
| 24 | 25 | 26 | 27 | 28 | 29 | 30 |
| 31 | 1 | 2 | 3 | 4 | 5 | 6 |

### April
| Sun | Mon | Tue | Wed | Thu | Fri | Sat |
|---|---|---|---|---|---|---|
| 31 | 1 | 2 | 3 | 4 | 5 | 6 |
| 7 | 8 | 9 | 10 | 11 | 12 | 13 |
| 14 | 15 | 16 | 17 | 18 | 19 | 20 |
| 21 | 22 | 23 | 24 | 25 | 26 | 27 |
| 28 | 29 | 30 | 1 | 2 | 3 | 4 |
| 5 | 6 | 7 | 8 | 9 | 10 | 11 |

### May
| Sun | Mon | Tue | Wed | Thu | Fri | Sat |
|---|---|---|---|---|---|---|
| 28 | 29 | 30 | 1 | 2 | 3 | 4 |
| 5 | 6 | 7 | 8 | 9 | 10 | 11 |
| 12 | 13 | 14 | 15 | 16 | 17 | 18 |
| 19 | 20 | 21 | 22 | 23 | 24 | 25 |
| 26 | 27 | 28 | 29 | 30 | 31 | 1 |
| 2 | 3 | 4 | 5 | 6 | 7 | 8 |

### June
| Sun | Mon | Tue | Wed | Thu | Fri | Sat |
|---|---|---|---|---|---|---|
| 26 | 27 | 28 | 29 | 30 | 31 | 1 |
| 2 | 3 | 4 | 5 | 6 | 7 | 8 |
| 9 | 10 | 11 | 12 | 13 | 14 | 15 |
| 16 | 17 | 18 | 19 | 20 | 21 | 22 |
| 23 | 24 | 25 | 26 | 27 | 28 | 29 |
| 30 | 1 | 2 | 3 | 4 | 5 | 6 |

**month**
**miesiąc**

**fortnight**
**dwa tygodnie**

### July
| Sun | Mon | Tue | Wed | Thu | Fri | Sat |
|---|---|---|---|---|---|---|
| 30 | 1 | 2 | 3 | 4 | 5 | 6 |
| 7 | 8 | 9 | 10 | 11 | 12 | 13 |
| 14 | 15 | 16 | 17 | 18 | 19 | 20 |
| 21 | 22 | 23 | 24 | 25 | 26 | 27 |
| 28 | 29 | 30 | 31 | 1 | 2 | 3 |
| 4 | 5 | 6 | 7 | 8 | 9 | 10 |

### August
| Sun | Mon | Tue | Wed | Thu | Fri | Sat |
|---|---|---|---|---|---|---|
| 28 | 29 | 30 | 31 | 1 | 2 | 3 |
| 4 | 5 | 6 | 7 | 8 | 9 | 10 |
| 11 | 12 | 13 | 14 | 15 | 16 | 17 |
| 18 | 19 | 20 | 21 | 22 | 23 | 24 |
| 25 | 26 | 27 | 28 | 29 | 30 | 31 |
| 1 | 2 | 3 | 4 | 5 | 6 | 7 |

### September
| Sun | Mon | Tue | Wed | Thu | Fri | Sat |
|---|---|---|---|---|---|---|
| 1 | 2 | 3 | 4 | 5 | 6 | 7 |
| 8 | 9 | 10 | 11 | 12 | 13 | 14 |
| 15 | 16 | 17 | 18 | 19 | 20 | 21 |
| 22 | 23 | 24 | 25 | 26 | 27 | 28 |
| 29 | 30 | 1 | 2 | 3 | 4 | 5 |
| 6 | 7 | 8 | 9 | 10 | 11 | 12 |

### October
| Sun | Mon | Tue | Wed | Thu | Fri | Sat |
|---|---|---|---|---|---|---|
| 29 | 30 | 1 | 2 | 3 | 4 | 5 |
| 6 | 7 | 8 | 9 | 10 | 11 | 12 |
| 13 | 14 | 15 | 16 | 17 | 18 | 19 |
| 20 | 21 | 22 | 23 | 24 | 25 | 26 |
| 27 | 28 | 29 | 30 | 31 | 1 | 2 |
| 3 | 4 | 5 | 6 | 7 | 8 | 9 |

### November
| Sun | Mon | Tue | Wed | Thu | Fri | Sat |
|---|---|---|---|---|---|---|
| 27 | 28 | 29 | 30 | 31 | 1 | 2 |
| 3 | 4 | 5 | 6 | 7 | 8 | 9 |
| 10 | 11 | 12 | 13 | 14 | 15 | 16 |
| 17 | 18 | 19 | 20 | 21 | 22 | 23 |
| 24 | 25 | 26 | 27 | 28 | 29 | 30 |
| 1 | 2 | 3 | 4 | 5 | 6 | 7 |

### December
| Sun | Mon | Tue | Wed | Thu | Fri | Sat |
|---|---|---|---|---|---|---|
| 1 | 2 | 3 | 4 | 5 | 6 | 7 |
| 8 | 9 | 10 | 11 | 12 | 13 | 14 |
| 15 | 16 | 17 | 18 | 19 | 20 | 21 |
| 22 | 23 | 24 | 25 | 26 | 27 | 28 |
| 29 | 30 | 31 | 1 | 2 | 3 | 4 |
| 5 | 6 | 7 | 8 | 9 | 10 | 11 |

**decade**
**dekada**

**century**
**stulecie**

**1000 YEARS**
**millennium**
**tysiąclecie**

**spring**
**wiosna**

**summer**
**lato**

**fall**
**jesień**

**winter**
**zima**

**sunrise**
**wschód słońca**

**dawn**
**świt**

**dusk**
**zmierzch**

**evening**
**wieczór**

**night**
**noc**

**midnight**
**północ**

**classroom**
**klasa**

**library**
**biblioteka**

**desk**
**biurko**

**blackboard**
**tablica**

**playground**
**plac zabaw**

**lesson**
**lekcja**

**sandpit**
**piaskownica**

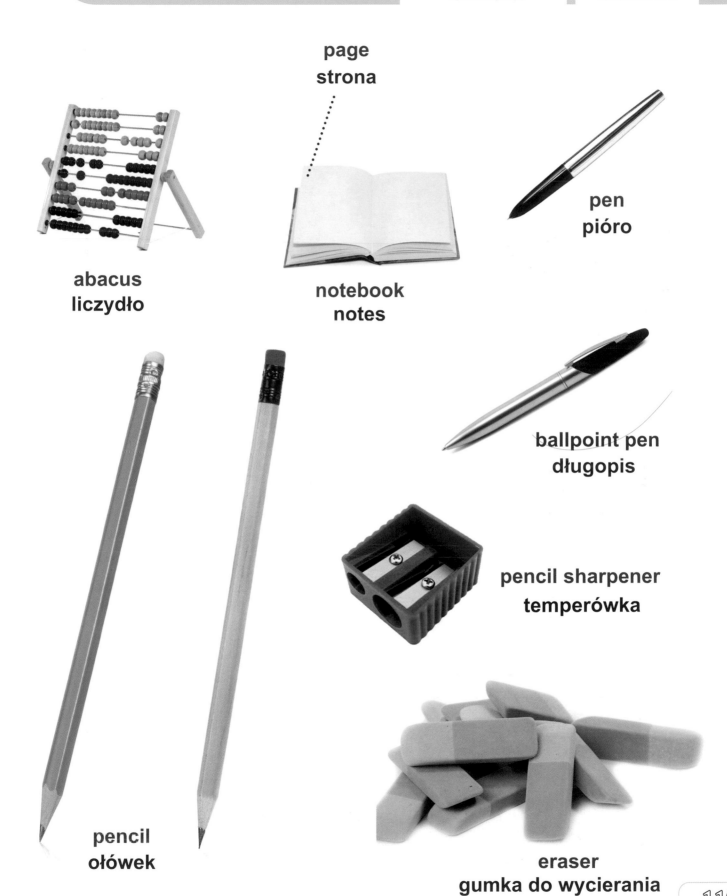

page
strona

pen
pióro

abacus
liczydło

notebook
notes

ballpoint pen
długopis

pencil sharpener
temperówka

pencil
ołówek

eraser
gumka do wycierania

chalk
kreda

crayons
kredki

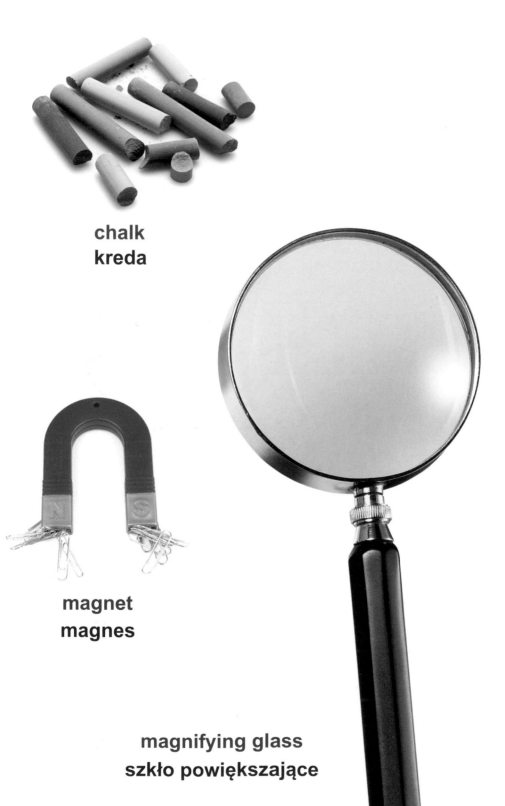

magnet
magnes

ruler
linijka

magnifying glass
szkło powiększające

scissors
nożyczki

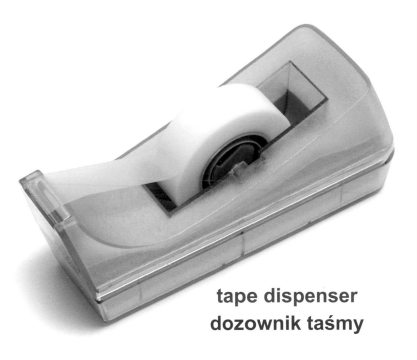

**tape dispenser**
**dozownik taśmy**

**pushpin**
**pinezka**

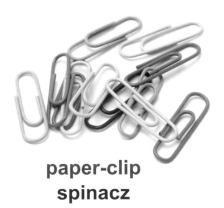

**paper-clip**
**spinacz**

**globe**
**globus**

**telescope**
**teleskop**

**microscope**
**mikroskop**

121

ball
piłka

chess set
szachy

cardboard box
karton

calculator
kalkulator

envelope
koperta

letters
list

encyclopedia
encyklopedia

stamp
znaczek

**ink**
**atrament**

**hole puncher**
**dziurkacz**

**rubber stamp**
**pieczątka**

**staple remover**
**rozszywacz**

**stapler**
**zszywacz**

**staples**
**zszywki**

**waste basket**
**kosz na śmieci**

**whistle**
**gwizdek**

**writing pad**
**blok listowy**

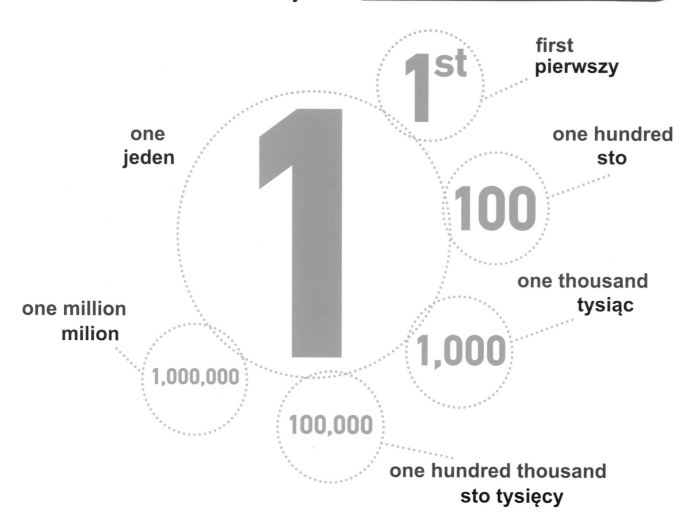

**1st** first pierwszy

one jeden

one hundred sto

**100**

one thousand tysiąc

**1,000**

one million milion

**1,000,000**

**100,000**

one hundred thousand sto tysięcy

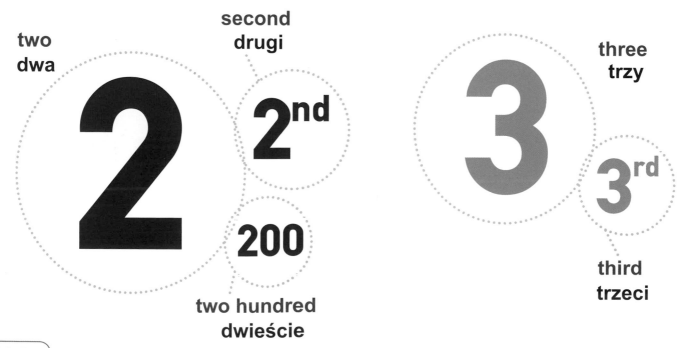

second drugi

two dwa

**2** **2nd**

**200**

two hundred dwieście

three trzy

**3** **3rd**

third trzeci

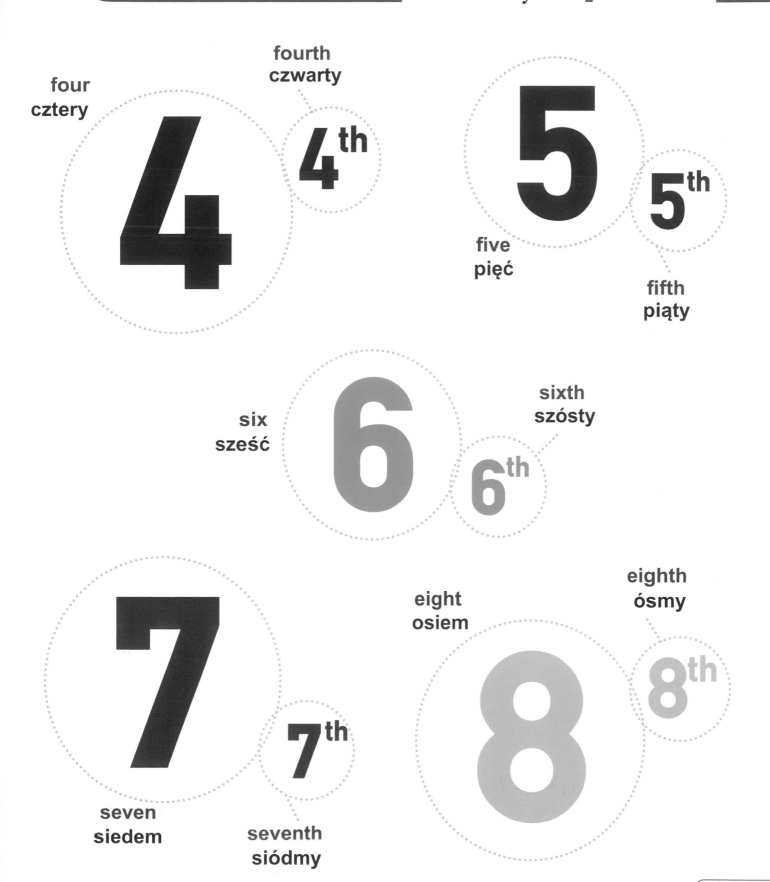

four
cztery

fourth
czwarty

4ᵗʰ

five
pięć

5ᵗʰ

fifth
piąty

six
sześć

sixth
szósty

6ᵗʰ

seven
siedem

seventh
siódmy

7ᵗʰ

eight
osiem

eighth
ósmy

8ᵗʰ

**9**

**9**th

ten
dziesięć

tenth
dziesiąty

**10**

**10**th

nine
dziewięć

ninth
dziewiąty

**11**

**11**th

10,000

ten thousand
dziesięć tysięcy

eleven
jedenaście

eleventh
jedenasty

twelve
dwanaście

**12**

**13**

**13**th

**12**th

thirteenth
trzynasty

thirteen
trzynaście

twelfth
dwunasty

fourteen
czternaście

14

14th

fourteenth
czternasty

fifteen
piętnaście

15

15th

fifteenth
piętnasty

sixteen
szesnaście

16

16th

sixteenth
szesnasty

17

17th

seventeenth
siedemnasty

seventeen
siedemnaście

eighteen
osiemnaście

18

18th

eighteenth
osiemnasty

nineteen
dziewiętnaście

19

19th

nineteenth
dziewiętnasty

**20**

**20**th

twentieth
dwudziesty

twenty
dwadzieścia

**21**

twenty-one
dwadzieścia
jeden

**21**st

twenty-first
dwudziesty pierwszy

**30**

thirty
trzydzieści

**31**

thirty-one
trzydzieści
jeden

**40**

forty
czterdzieści

**41**

forty-one
czterdzieści jeden

**50**

fifty
pięćdziesiąt

**51**

fifty-one
pięćdziesiąt
jeden

**60**
sixty
sześćdziesiąt

**61**
sixty-one
sześćdziesiąt jeden

**70**
seventy
siedemdziesiąt

**71**
seventy-one
siedemdziesiąt jeden

**80**
eighty
osiemdziesiąt

**81**
eighty-one
osiemdziesiąt jeden

**90**
ninety
dziewięćdziesiąt

**91**
ninety-one
dziewięćdziesiąt jeden

**0**
zero
zero

**circle**
**okrąg**

**sphere**
**kula**

**cone**
**stożek**

**semicircle**
**pókole**

**hemisphere**
**półkula**

**cylinder**
**walec**

**square**
**kwadrat**

**rectangle**
**prostokąt**

**octagon**
**ośmiokąt**

**pentagon**
**pięciokąt**

**hexagon**
**sześciokąt**

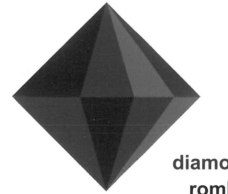

**diamond**
**romb**

**star**
**gwiazda**

**kite**
**latawiec**

**triangle**
**trójkąt**

**pyramid**
**ostrosłup**

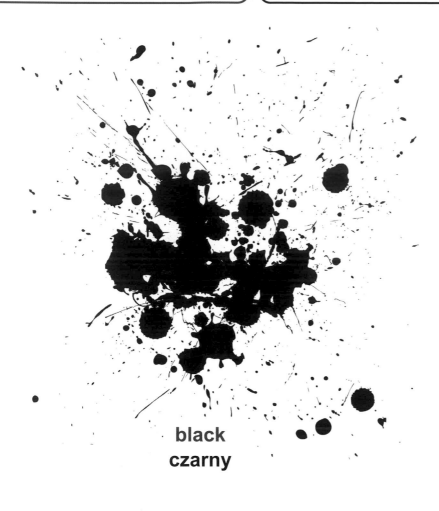

**black**
**czarny**

**brown**
**brązowy**

**green**
**zielony**

**gray**
**szary**

**yellow**
**żółty**

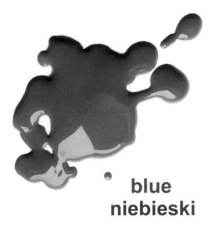

**blue**
**niebieski**

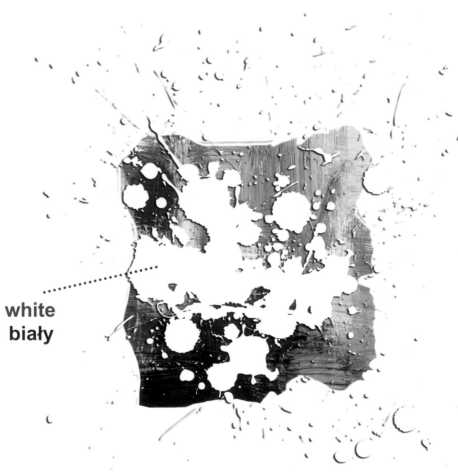

**white**
**biały**

**pink**
**różowy**

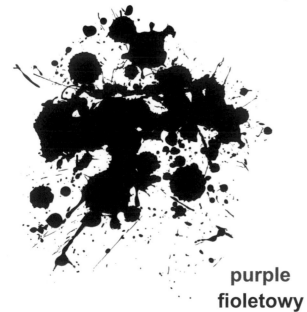

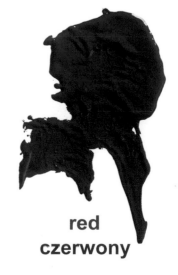

**purple**
**fioletowy**

**red**
**czerwony**

It's
**apostrophe**
**apostrof**

near,
**comma**
**przecinek**

look:
**colon**
**dwukropek**

-around-
**dash**
**myślnik**

the...
**ellipsis**
**wielokropek**

clock!
**exclamation mark**
**wykrzyknik**

really?
**question mark**
**pytajnik**

"he said"
**quotation marks**
**cudzysłów**

Yes.
**period**
**kropka**

(almost)
**parentheses**
**nawias okrągły**

done;
**semicolon**
**średnik**

'sir'
**single quotation marks**
**cudzysłów**

3+1

**plus sign**
**plus**

$\sqrt{16}$

**square root of**
**pierwiastek kwadratowy**

7-3

**minus sign**
**znak minusa**

25%

**percent**
**procent**

2×2

**multiplication sign**
**znak mnożenia**

=4

**equal sign**
**znak równości**

8÷2

**division sign**
**znak dzielenia**

earth & space

**ampersand**
**znak &**

He/She

**forward slash**
**ukośnik prawy**

html\n

**backslash**
**ukośnik lewy**

info@milet.com

**at sign**
**małpa**

# Index    Indeks

| | | | |
|---|---|---|---|
| **A** abacus | 119 | liczydło | |
| accordion | 110 | akordeon | |
| acoustic guitar | 110 | gitara akustyczna | |
| adjustable wrench | 48 | klucz nastawny | |
| Africa | 97 | Afryka | |
| air conditioner | 24 | klimatyzator | |
| airplane | 76 | samolot | |
| airport | 80 | lotnisko | |
| almond | 64 | migdał | |
| ambulance | 74 | karetka pogotowia | |
| American football | 102 | futbol amerykański | |
| ampersand | 134 | znak & | |
| ankle | 23 | kostka | |
| answering machine | 52 | automatyczna sekretarka | |
| ant | 10 | mrówka | |
| apostrophe | 134 | apostrof | |
| apple | 55 | jabłko | |
| apricot | 55 | morela | |
| archery | 102 | łucznictwo | |
| arm | 21 | ramię | |
| armchair | 25 | fotel | |
| armpit | 21 | pacha | |
| artichoke | 60 | karczoch | |
| Asia | 97 | Azja | |
| asparagus | 60 | szparag | |
| astronaut | 99 | astronauta | |
| at sign | 135 | małpa | |
| athletics | 102 | lekkoatletyka | |
| attic | 24 | strych | |
| aubergine | 60 | bakłażan | |
| audience | 109 | publiczność | |
| auditorium | 109 | widownia | |
| Australia | 97 | Australia | |
| avalanche | 94 | lawina | |
| avocado | 55 | awokado | |
| axe | 51 | siekiera | |
| **B** backpack | 43 | plecak | |
| backslash | 135 | ukośnik lewy | |
| badge | 43 | identyfikator | |
| badminton | 102 | badminton | |
| bagpipes | 111 | dudy | |
| balalaika | 110 | bałałajka | |
| ball | 122 | piłka | |
| ballet | 109 | balet | |
| ballpoint pen | 119 | długopis | |
| banana | 55 | banan | |
| banjo | 110 | bandżo | |
| barn | 7 | stodoła | |
| baseball | 103 | baseball | |
| basket | 32 | koszyk | |
| basketball | 103 | koszykówka | |
| bass drum | 112 | bęben | |
| bassoon | 111 | fagot | |
| bat | 16 | nietoperz | |
| bathrobe | 38 | szlafrok | |
| bathroom | 27 | łazienka | |
| bathtub | 27 | wanna | |
| battery | 49 | bateria | |
| beach | 89 | plaża | |
| beak | 4 | dziób | |
| beans | 66 | fasola | |
| bear | 16 | niedźwiedź | |
| bed | 26 | łóżko | |
| bedroom | 26 | sypialnia | |
| bedside lamp | 34 | lampka nocna | |
| bee | 11 | pszczoła | |
| beehive | 11 | ul | |
| beetle | 10 | żuk | |
| begonia | 82 | begonia | |
| belt | 40 | pasek | |
| beret | 40 | beret | |
| bicycle | 75 | rower | |
| black | 132 | czarny | |
| black pepper | 68 | pieprz czarny | |
| blackberry | 55 | jeżyna | |
| blackboard | 118 | tablica | |
| blanket | 26 | koc | |
| blender | 36 | mikser | |
| blouse | 39 | bluzka | |
| blue | 133 | niebieski | |
| blueberry | 55 | jagoda | |
| boots | 41 | długie buty | |
| bottle | 30 | butelka | |
| bow tie | 40 | muszka | |
| bowl | 29 | miska | |
| box | 32 | pudełko | |
| bracelet | 42 | bransoletka | |
| brake | 75 | hamulec | |
| bread | 52 | chleb | |
| breakfast | 69 | śniadanie | |
| bridge | 81 | most | |
| briefcase | 43 | teczka | |
| broccoli | 60 | brokuł | |
| broom | 32 | miotła | |
| brown | 132 | brązowy | |
| bucket | 32 | wiadro | |
| bud | 82 | pąk | |
| bull | 7 | byk | |
| bulldozer | 74 | buldożer | |
| burger | 63 | hamburger | |
| burner | 31 | palnik | |
| bus | 77 | autobus | |
| bus stop | 80 | przystanek autobusowy | |
| bush | 87 | krzak | |
| bust | 108 | popiersie | |
| butter | 70 | masło | |
| butterfly | 10 | motyl | |
| button | 44 | guzik | |
| **C** cabbage | 60 | kapusta | |
| cabinet | 28 | kredens | |
| cable | 53 | kabel | |
| cactus | 87 | kaktus | |
| cage | 4 | klatka | |
| cake | 63 | ciasto | |
| calculator | 122 | kalkulator | |
| calf | 7 | cielę | |
| calf | 23 | łydka | |
| camel | 9 | wielbłąd | |
| camellia | 82 | kamelia | |
| camper van | 73 | samochód z częścią mieszkalną | |

| | | |
|---|---|---|
| canal | 100 | kanał |
| candies | 69 | cukierki |
| candle | 32 | świeca |
| canned food | 67 | żywność w puszkach |
| canoe | 79 | kajak |
| canvas | 108 | płótno |
| cap | 40 | czapka |
| car | 72 | samochód |
| car battery | 49 | akumulator |
| cardboard box | 122 | karton |
| cardigan | 39 | sweter rozpinany |
| carnation | 82 | goździk |
| carpet | 25 | dywan |
| carrot | 58 | marchew |
| cat | 7 | kot |
| caterpillar | 10 | gąsienica |
| cauliflower | 60 | kalafior |
| cave | 93 | jaskinia |
| ceiling | 25 | sufit |
| ceiling fan | 34 | wiatrak |
| celery | 61 | seler naciowy |
| cello | 113 | wiolonczela |
| century | 115 | stulecie |
| chain | 50 | łańcuch |
| chair | 28 | krzesło |
| chalk | 120 | kreda |
| chameleon | 12 | kameleon |
| chandelier | 34 | żyrandol |
| checkout | 54 | kasa |
| cheek | 22 | policzek |
| cheese | 70 | ser |
| cherry | 55 | czereśnia |
| chess set | 122 | szachy |
| chest | 21 | klatka piersiowa |
| chestnut | 64 | kasztan |
| chick | 8 | pisklę |
| chicken | 65 | kurczak |
| chili pepper | 58 | papryka chili |
| chimney | 24 | komin |
| chimpanzee | 17 | szympans |
| chin | 22 | broda |
| chip | 52 | chip |
| chisel | 51 | dłuto |
| chocolate | 69 | czekolada |
| chocolate chip cookie | 62 | ciastko z kawałkami czekolady |
| cinema | 109 | kino |
| circle | 130 | okrąg |
| clarinet | 111 | klarnet |
| classroom | 118 | klasa |
| claw | 4 | pazur |
| clay | 91 | glina |
| cliff | 92 | klif |
| clock | 32 | zegar |
| cloth | 44 | materiał |
| clothes brush | 44 | szczotka do ubrania |
| clothes hanger | 44 | wieszak |
| clothes peg | 32 | klamerka  do bielizny |
| cloud | 94 | chmura |
| coal | 93 | węgiel |
| coast | 89 | wybrzeże |

| | | |
|---|---|---|
| cobweb | 11 | pajęczyna |
| coconut | 57 | kokos |
| cocoon | 10 | kokon |
| coffee | 71 | kawa |
| collar | 8 | obroża |
| colon | 134 | dwukropek |
| comb | 45 | grzebień |
| combination wrenches | 48 | klucz francuski |
| comforter | 26 | kołdra |
| comma | 134 | przecinek |
| compass | 107 | kompas |
| computer | 52 | komputer |
| concert | 109 | koncert |
| cone | 130 | stożek |
| container | 78 | kontener |
| container ship | 78 | kontenerowiec |
| cookie | 62 | ciastko |
| coral | 15 | koral |
| corn | 58 | kukurydza |
| corncob | 58 | kolba kukurydzy |
| cotton | 82 | bawełna |
| countryside | 100 | wieś |
| cow | 7 | krowa |
| crab | 14 | krab |
| crackers | 62 | krakersy |
| crayfish | 14 | rak |
| crayons | 120 | kredki |
| cream | 70 | śmietana |
| crest | 8 | grzebień |
| cricket | 10 | świerszcz |
| cricket | 102 | krykiet |
| crocodile | 12 | krokodyl |
| crosswalk | 80 | przejście dla pieszych |
| crow | 4 | wrona |
| cruise ship | 78 | statek wycieczkowy |
| cub | 18 | młode |
| cucumber | 59 | ogórek |
| curtain | 25 | zasłona |
| cushion | 25 | poduszka |
| cutting board | 31 | deska do krojenia |
| cycling | 102 | kolarstwo |
| cylinder | 130 | walec |
| cymbal | 112 | talerz |
| **D** daisy | 82 | stokrotka |
| dam | 100 | tama |
| dash | 134 | myślnik |
| dawn | 117 | świt |
| decade | 115 | dekada |
| deck | 78 | pokład |
| deep fryer | 35 | frytkownica |
| deer | 19 | jeleń |
| desert | 91 | pustynia |
| desk | 118 | biurko |
| desk lamp | 34 | lampka biurkowa |
| dessert | 69 | deser |
| diamond | 42 | brylant |
| diamond | 131 | romb |
| digger truck | 74 | koparka |
| dill | 61 | koperek |
| dining table | 28 | stół |

| | | | | | | |
|---|---|---|---|---|---|---|
| disaster | 101 | katastrofa | | eyelashes | 22 | rzęsy |
| dishwasher | 37 | zmywarka | | eyelid | 22 | powieka |
| diving | 103 | nurkowanie | **F** | face | 22 | twarz |
| division sign | 135 | znak dzielenia | | falcon | 4 | sokół |
| dog | 7 | pies | | fall | 116 | jesień |
| doghouse | 7 | psia buda | | faucet | 31 | kran |
| dolphin | 14 | delfin | | fawn | 19 | jelonek |
| donkey | 9 | osioł | | feather | 4 | pióro |
| door | 24 | drzwi | | fencing | 104 | szermierka |
| door handle | 36 | klamka | | fender | 72 | zderzak |
| doorbell | 36 | dzwonek u drzwi | | field | 88 | pole |
| doormat | 33 | wycieraczka | | fifteen | 127 | piętnaście |
| double bass | 113 | kontrabas | | fifteenth | 127 | piętnasty |
| dragonfly | 10 | ważka | | fifth | 125 | piąty |
| dress | 38 | sukienka | | fifty | 128 | pięćdziesiąt |
| drill bit | 49 | wiertło | | fifty-one | 128 | pięćdziesiąt jeden |
| drum kit | 112 | perskusja | | fingerprint | 23 | odcisk palca |
| drumsticks | 112 | pałeczki do gry na perskusji | | fire | 101 | pożar |
| duck | 8 | kaczka | | fire extinguisher | 50 | gaśnica |
| dump truck | 73 | wywrotka | | fire truck | 74 | wóz strażacki |
| dusk | 117 | zmierzch | | fireplace | 25 | kominek |
| **E** eagle | 4 | orzeł | | first | 124 | pierwszy |
| ear | 22 | ucho | | fish | 14 | ryba |
| earphones | 53 | słuchawki | | fish | 65 | ryba |
| earrings | 42 | kolczyki | | five | 125 | pięć |
| Earth | 98 | Ziemia | | flame | 101 | płomień |
| earthquake | 101 | trzęsienie ziemi | | flamingo | 4 | flaming |
| earthworm | 13 | dżdżownica | | flight deck | 76 | pokład załogowy |
| easel | 108 | sztaluga | | flip-flops | 41 | japonki |
| egg | 4 | jajko | | flood | 95 | powódź |
| egg | 66 | jajko | | floor | 25 | podłoga |
| eight | 125 | osiem | | floor lamp | 34 | lampa stojąca |
| eighteen | 127 | osiemnaście | | flour | 62 | mąka |
| eighteenth | 127 | osiemnasty | | flowerpot | 33 | doniczka |
| eighth | 125 | ósmy | | flute | 111 | flet |
| eighty | 129 | osiemdziesiąt | | fly | 11 | mucha |
| eighty-one | 129 | osiemdziesiąt jeden | | fog | 95 | mgła |
| elbow | 23 | łokieć | | folding chair | 25 | krzesło składane |
| electric cooker | 35 | kuchenka elektryczna | | food processor | 36 | robot kuchenny |
| electric drill | 49 | wiertarka elektryczna | | foot | 21 | stopa |
| electric guitar | 110 | gitara elektryczna | | footprint | 21 | ślad stopy |
| electric razor | 46 | elektryczna maszynka do golenia | | forehead | 21 | czoło |
| electrical outlet | 36 | gniazdko elektryczne | | forest | 92 | las |
| elephant | 16 | słoń | | fork | 30 | widelec |
| eleven | 126 | jedenaście | | forklift | 74 | wózek widłowy |
| eleventh | 126 | jedenasty | | fortnight | 115 | dwa tygodnie |
| ellipsis | 134 | wielokropek | | forty | 128 | czterdzieści |
| ember | 101 | rozżarzony węgielek | | forty-one | 128 | czterdzieści jeden |
| emerald | 42 | szmaragd | | forward slash | 135 | ukośnik prawy |
| encyclopedia | 122 | encyklopedia | | fossil | 101 | skamielina |
| engine | 72 | silnik | | foulard | 40 | chusta |
| envelope | 122 | koperta | | four | 125 | cztery |
| equal sign | 135 | znak równości | | fourteen | 127 | czternaście |
| eraser | 119 | gumka do wycierania | | fourteenth | 127 | czternasty |
| Europe | 96 | Europa | | fourth | 125 | czwarty |
| evening | 117 | wieczór | | fox | 17 | lis |
| exclamation mark | 134 | wykrzyknik | | French fries | 68 | frytki |
| eye | 22 | oko | | frog | 12 | żaba |
| eye glasses | 45 | okulary | | frost | 94 | szron |
| eyebrow | 22 | brew | | fruit juice | 71 | sok owocowy |

| | | |
|---|---|---|
| frying pan | 29 | patelnia |
| fuchsia | 82 | fuksja |
| **G** — galaxy | 99 | galaktyka |
| garage | 81 | garaż |
| garden | 88 | ogród |
| gardenia | 83 | gardenia |
| garlic | 58 | czosnek |
| gas cap | 72 | korek wlewu paliwa |
| gas lighter | 47 | zapalarka |
| gas pump | 81 | dystrybutor paliwa |
| gas station | 81 | stacja benzynowa |
| geranium | 83 | pelargonia |
| giraffe | 17 | żyrafa |
| glass | 30 | szklanka |
| globe | 121 | globus |
| glove | 40 | rękawiczka |
| goat | 9 | koza |
| golf | 104 | golf |
| goose | 8 | gęś |
| gorilla | 17 | goryl |
| grape | 56 | winogrono |
| grapefruit | 56 | grejpfrut |
| grass | 87 | trawa |
| grasshopper | 10 | konik polny |
| gray | 132 | szary |
| green | 132 | zielony |
| green bean | 59 | fasolka szparagowa |
| ground beef | 65 | mielone mięso |
| ground floor | 24 | parter |
| gull | 5 | mewa |
| **H** — hail | 94 | grad |
| hair | 22 | włosy |
| hair dryer | 45 | suszarka do włosów |
| hairbrush | 45 | szczotka do włosów |
| hairpin | 45 | spinka do włosów |
| half past one | 114 | wpół do drugiej |
| hammer | 49 | młotek |
| hand | 21 | ręka |
| hand gliding | 103 | szybowiec |
| handball | 104 | piłka ręczna |
| handlebars | 75 | kierownica |
| handsaw | 51 | piła ręczna |
| harmonica | 110 | harmonijka ustna |
| harp | 110 | harfa |
| harvest | 88 | żniwa |
| hat | 40 | kapelusz |
| hawk | 5 | jastrząb |
| hay | 88 | siano |
| hazelnut | 64 | orzech laskowy |
| head | 21 | głowa |
| headlight | 72 | reflektor |
| hedgehog | 20 | jeż |
| heel | 23 | pięta |
| heel | 41 | obcas |
| helicopter | 76 | helikopter |
| hemisphere | 130 | półkula |
| hen | 8 | kura |
| heron | 5 | czapla |
| hexagon | 131 | sześciokąt |
| high jump | 104 | skok wzwyż |
| highway | 80 | droga szybkiego ruchu |
| hill | 91 | wzgórze |
| hip | 23 | biodro |
| hippopotamus | 19 | hipopotam |
| hole puncher | 123 | dziurkacz |
| honey | 97 | miód |
| hood | 72 | maska |
| hoof | 9 | kopyto |
| horn | 19 | róg |
| horse | 9 | koń |
| horse racing | 104 | wyścigi konne |
| horse riding | 104 | jazda konna |
| hose | 51 | szlauch |
| hour hand | 114 | wskazówka godzinowa |
| house | 24 | dom |
| hurdles | 104 | bieg przez płotki |
| hyacinth | 83 | hiacynt |
| **I** — ice cream | 69 | lody |
| ice cube | 71 | kostka lodu |
| ice hockey | 106 | hokej na lodzie |
| icicle | 94 | sopel |
| iguana | 12 | iguana |
| index finger | 23 | palec wskazujący |
| ink | 31 | atrament |
| iris | 83 | irys |
| iron | 37 | żelazko |
| ironing board | 33 | deska do prasowania |
| island | 89 | wyspa |
| **J** — jar | 30 | słoj |
| jasmine | 83 | jaśmin |
| javelin | 105 | rzut oszczepem |
| jeans | 39 | dżinsy |
| jellyfish | 14 | meduza |
| jerrycan | 33 | kanister |
| jet ski | 79 | skuter wodny |
| jewellery | 42 | biżuteria |
| jonquil | 83 | żonkil |
| judo | 103 | dżudo |
| jug | 30 | dzbanek |
| juice extractor | 31 | sokowirówka |
| jumpsuit | 38 | kombinezon |
| jungle | 92 | dżungla |
| Jupiter | 98 | Jowisz |
| **K** — kangaroo | 18 | kangur |
| key | 47 | kluczyk |
| keyboard | 52 | klawiatura |
| kitchen | 29 | kuchnia |
| kite | 131 | latawiec |
| kitten | 7 | kociak |
| kiwi | 56 | kiwi |
| knee | 21 | kolano |
| knife | 30 | nóż |
| koala | 16 | koala |
| **L** — ladder | 50 | drabina |
| ladybird | 11 | biedronka |
| lake | 90 | jezioro |
| lamb | 9 | jagnię |
| lamp | 34 | lampa |
| lavender | 83 | lawenda |
| layer | 91 | warstwa |

| | | |
|---|---|---|
| leaf | 87 | liść |
| leek | 61 | por |
| leg | 21 | noga |
| lemon | 58 | cytryna |
| lemonade | 71 | lemoniada |
| lentils | 66 | soczewica |
| leopard | 18 | lampart |
| lesson | 118 | lekcja |
| letters | 122 | list |
| lettuce | 61 | sałata |
| library | 118 | biblioteka |
| lightning | 95 | błyskawica |
| lilac | 84 | bez |
| lion | 18 | lew |
| lip | 22 | warga |
| little finger | 23 | mały palec |
| living room | 25 | pokój dzienny |
| lizard | 12 | jaszczurka |
| llama | 18 | lama |
| lobster | 14 | homar |
| log | 88 | bal |
| long-nose pliers | 48 | szczypce |
| lovebird | 5 | papużka nierozłączka |
| **M—** magnet | 120 | magnes |
| magnifying glass | 120 | szkło powiększające |
| magnolia | 84 | magnolia |
| mallet | 49 | drewniany młotek |
| mandarin | 56 | mandarynka |
| mandolin | 110 | mandolina |
| mane | 18 | grzywa |
| mango | 57 | mango |
| manicure set | 46 | zestaw przyborów |
| marathon | 105 | maraton |
| market | 54 | targ |
| marrow | 60 | kabaczek |
| Mars | 98 | Mars |
| marsh | 90 | moczary |
| matchbox | 47 | pudełko zapałek |
| matchsticks | 47 | zapałki |
| melon | 56 | melon |
| Mercury | 98 | Merkury |
| metronome | 113 | metronom |
| microphone | 53 | mikrofon |
| microscope | 121 | mikroskop |
| microwave oven | 35 | mikrofalówka |
| middle finger | 23 | palec środkowy |
| midnight | 117 | północ |
| milk | 70 | mleko |
| Milky Way | 99 | Droga Mleczna |
| millennium | 115 | tysiąclecie |
| minivan | 73 | furgonetka |
| mint | 61 | mięta |
| minus sign | 135 | znak minusa |
| minute hand | 114 | wskazówka minutowa |
| mirror | 27 | lustro |
| mole | 20 | kret |
| mole wrench | 48 | klucz nastawny |
| monitor | 52 | monitor |
| monkey | 17 | małpa |
| month | 115 | miesiąc |
| Moon | 98 | Księżyc |
| mop | 33 | zmywak do podłogi na kiju |
| mosquito | 11 | komar |
| moss | 84 | mech |
| moth | 10 | ćma |
| motorcycle | 75 | motocykl |
| mountain | 91 | góra |
| mountaineering | 105 | alpinizm |
| mouse | 20 | mysz |
| mouth | 22 | usta |
| mud | 100 | błoto |
| multiplication sign | 135 | znak mnożenia |
| museum | 109 | muzeum |
| mushroom | 58 | grzyb |
| music stand | 113 | pulpit |
| **N—** nail | 49 | gwóźdź |
| nail clippers | 46 | cążki do obcinania paznokci |
| nail file | 46 | pilniczek do paznokci |
| narcissus | 84 | narcyz |
| navel | 23 | pępek |
| neck | 22 | szyja |
| necklace | 42 | naszyjnik |
| Neptune | 98 | Neptun |
| nest | 5 | gniazdo |
| nettle | 84 | pokrzywa |
| newspaper | 53 | gazeta |
| newt | 12 | traszka |
| night | 117 | noc |
| nine | 126 | dziewięć |
| nineteen | 127 | dziewiętnaście |
| nineteenth | 127 | dziewiętnasty |
| ninety | 129 | dziewięćdziesiąt |
| ninety-one | 129 | dziewięćdziesiąt jeden |
| ninth | 125 | dziewiąty |
| North America | 96 | Ameryka Północna |
| nose | 22 | nos |
| notebook | 119 | notes |
| nut | 48 | nakrętka |
| **O—** oats | 86 | owies |
| oboe | 111 | obój |
| ocean | 89 | ocean |
| octagon | 131 | ośmiokąt |
| octopus | 14 | ośmiornica |
| oil | 67 | olej |
| okra | 59 | okra |
| olive | 67 | oliwki |
| olive oil | 67 | oliwa z oliwek |
| one | 124 | jeden |
| one hundred | 124 | sto |
| one hundred thousand | 124 | sto tysięcy |
| one million | 124 | milion |
| one o'clock | 114 | godzina pierwsza |
| one thousand | 124 | tysiąc |
| onion | 59 | cebula |
| open ended wrench | 48 | klucz płaski |
| orange | 56 | pomarańcza |
| orange juice | 71 | sok pomarańczowy |
| orchestra | 109 | orkiestra |
| orchid | 85 | orchidea |
| ostrich | 5 | struś |

| | | |
|---|---|---|
| otter | 20 | wydra |
| oven | 35 | piekarnik |
| owl | 5 | sowa |
| **P**—padlock | 50 | kłódka |
| page | 119 | strona |
| palette | 108 | paleta |
| palm | 21 | dłoń |
| palm tree | 86 | palma |
| pancakes | 63 | naleśniki |
| panda | 19 | panda |
| paper-clip | 121 | spinacz |
| parentheses | 134 | nawias okrągły |
| parrot | 5 | papuga |
| parsley | 61 | pietruszka |
| passenger terminal | 80 | terminal lotniczy |
| passport | 43 | paszport |
| pasta | 66 | makaron |
| path | 92 | ścieżka |
| peach | 56 | brzoskwinia |
| peacock | 5 | paw |
| peanut | 64 | orzech ziemny |
| pear | 57 | gruszka |
| peas | 59 | groszek |
| pebbles | 90 | kamyki |
| pedal | 75 | pedał |
| pelican | 6 | pelikan |
| pen | 119 | pióro |
| pencil | 119 | ołówek |
| pencil sharpener | 119 | temperówka |
| penguin | 15 | pingwin |
| pentagon | 131 | pięciokąt |
| pepper | 58 | papryka |
| percent | 135 | procent |
| perfume | 45 | perfumy |
| period | 134 | kropka |
| pet | 9 | zwierzę chowane w domu |
| petal | 87 | płatek |
| piano | 110 | fortepian |
| pickax | 51 | kilof |
| pickup truck | 73 | pikap |
| picture | 108 | obraz |
| picture frame | 108 | rama obrazu |
| pie | 63 | placek |
| pier | 81 | molo |
| pig | 9 | świnia |
| pigeon | 6 | gołąb |
| pillow | 26 | poduszka |
| pine cone | 86 | szyszka sosnowa |
| pineapple | 57 | ananas |
| pink | 133 | różowy |
| pins | 47 | szpilki |
| pistachio | 64 | orzeszek pistacjowy |
| pizza | 63 | pizza |
| plate | 30 | talerz |
| playground | 118 | plac zabaw |
| plug | 50 | wtyczka |
| plum | 57 | śliwka |
| plumbing | 27 | instalacja wodno- kanalizacyjna |
| plus sign | 135 | plus |
| pocket | 38 | kieszeń |
| polar bear | 16 | niedźwiedź polarny |
| police car | 74 | wóz policyjny |
| pomegranate | 57 | granat |
| popcorn | 69 | prażona kukurydza |
| poppy | 84 | mak |
| port | 81 | port |
| pot | 29 | garnek |
| potato | 59 | ziemniak |
| pressure cooker | 29 | szybkowar |
| printer | 52 | drukarka |
| puddle | 100 | kałuża |
| pumpkin | 59 | dynia |
| puppy | 7 | szczenię |
| purple | 133 | fioletowy |
| purse | 43 | portmonetka |
| pushpin | 121 | pinezka |
| pyramid | 131 | ostrosłup |
| **Q**— quarter past one | 114 | kwadrans po pierwszej |
| quarter to two | 114 | za kwadrans druga |
| question mark | 135 | pytajnik |
| quince | 57 | pigwa |
| quotation marks | 134 | cudzysłów |
| **R**— rabbit | 20 | królik |
| raccoon | 16 | szop pracz |
| race car | 74 | samochód wyścigowy |
| radiator | 34 | kaloryfer |
| radio | 53 | radio |
| radish | 61 | rzodkiewka |
| rafting | 105 | spływ pontonem |
| railroad station | 81 | stacja kolejowa |
| railroad track | 81 | tor kolejowy |
| rain | 95 | deszcz |
| rake | 51 | grabie |
| raspberry | 55 | malina |
| rat | 20 | szczur |
| razor | 46 | maszynka do golenia |
| rectangle | 130 | prostokąt |
| red | 133 | czerwony |
| reel | 44 | szpulka |
| refrigerator | 29 | lodówka |
| restaurant | 54 | restauracja |
| rhinoceros | 19 | nosorożec |
| ribbon | 44 | wstążka |
| rice | 66 | ryż |
| ring | 42 | pierścionek |
| ring finger | 23 | palec serdeczny |
| river | 90 | rzeka |
| road | 80 | droga |
| robin | 4 | rudzik |
| rock | 93 | skała |
| rocking chair | 25 | fotel na biegunach |
| rocky landscape | 93 | krajobraz skalisty |
| rollerblade | 75 | wrotka |
| roof | 24 | dach |
| room | 25 | pokój |
| rooster | 8 | kogut |
| root | 87 | korzeń |
| rope | 51 | lina |
| rose | 85 | róża |
| row boat | 79 | łódź wiosłowa |

# Index Indeks

| | | |
|---|---|---|
| rowing | 105 | wioślarstwo |
| rubber stamp | 123 | pieczątka |
| ruby | 42 | rubin |
| rug | 26 | chodnik |
| ruler | 120 | linijka |
| rye | 86 | żyto |
| **S** sack | 33 | worek |
| saddle | 75 | siodełko |
| safety helmet | 50 | kask ochronny |
| safety pin | 47 | agrafka |
| sail | 79 | żagiel |
| sailboat | 79 | żaglówka |
| sailing | 105 | żeglarstwo |
| salad | 68 | sałatka |
| salamander | 13 | salamandra |
| salt | 68 | sól |
| sand | 89 | piasek |
| sandal | 41 | sandał |
| sandpit | 118 | piaskownica |
| sandwich | 63 | kanapka |
| satellite dish | 99 | antena satelitarna |
| Saturn | 98 | Saturn |
| sausage | 65 | kiełbasa |
| saxophone | 111 | saksofon |
| scale | 31 | waga |
| scanner | 52 | skaner |
| scarf | 40 | szalik |
| scissors | 120 | nożyczki |
| scooter | 75 | skuter |
| scorpion | 11 | skorpion |
| screw | 49 | wkręt |
| screwdriver | 49 | śrubokręt |
| seahorse | 15 | konik morski |
| seal | 15 | foka |
| seaweed | 15 | wodorosty |
| second | 124 | drugi |
| second hand | 114 | sekundnik |
| semicircle | 130 | półkole |
| semicolon | 134 | średnik |
| seven | 125 | siedem |
| seventeen | 127 | siedemnaście |
| seventeenth | 127 | siedemnasty |
| seventh | 125 | siódmy |
| seventy | 129 | siedemdziesiąt |
| seventy-one | 129 | siedemdziesiąt jeden |
| sewing machine | 36 | maszyna do szycia |
| sewing needle | 47 | igła krawiecka |
| shaker | 30 | solniczka |
| shark | 15 | rekin |
| shaving brush | 46 | pędzel do golenia |
| sheep | 9 | owca |
| sheet | 26 | prześcieradło |
| shelf | 27 | półka |
| shin | 23 | goleń |
| ship | 78 | statek |
| shirt | 39 | koszula |
| shoelaces | 41 | sznurowadła |
| shoes | 41 | buty |
| shorts | 39 | krótkie spodenki |
| shoulder | 23 | bark |
| shoulder bag | 43 | torba na ramię |
| shovel | 51 | łopata |
| shower | 27 | prysznic |
| sidewalk | 80 | chodnik |
| single quotation marks | 134 | cudzysłów |
| sink | 31 | zlew |
| six | 125 | sześć |
| sixteen | 127 | szesnaście |
| sixteenth | 127 | szesnasty |
| sixth | 125 | szósty |
| sixty | 129 | sześćdziesiąt |
| sixty-one | 129 | sześćdziesiąt jeden |
| skeleton | 22 | szkielet |
| skiing | 106 | narciarstwo |
| skirt | 39 | spódnica |
| skull | 22 | czaszka |
| skunk | 17 | skunks |
| sled | 75 | sanki |
| sleeping bag | 107 | śpiwór |
| slice of bread | 62 | kromka chleba |
| slip joint pliers | 48 | szczypce nastawne |
| slippers | 41 | kapcie |
| slope | 93 | stok |
| snacks | 68 | przekąska |
| snail | 11 | ślimak |
| snake | 13 | wąż |
| snapdragon | 84 | lwia paszcza |
| snare drum | 112 | werbel |
| sneakers | 41 | buty sportowe |
| snow | 94 | śnieg |
| snowboarding | 106 | snowboarding |
| snowdrop | 85 | przebiśnieg |
| soap | 27 | mydło |
| soccer | 106 | piłka nożna |
| socks | 41 | skarpetki |
| sofa | 25 | kanapa |
| soil | 92 | ziemia |
| soup | 68 | zupa |
| South America | 96 | Ameryka Południowa |
| space | 99 | przestrzeń kosmiczna |
| space shuttle | 99 | prom kosmiczny |
| space station | 99 | stacja kosmiczna |
| sparrow | 6 | wróbel |
| speaker | 53 | głośnik |
| speed skating | 106 | łyżwiarstwo szybkie |
| sphere | 130 | kula |
| spider | 11 | pająk |
| spinach | 61 | szpinak |
| spirit level | 48 | poziomica |
| spoke | 72 | szprycha |
| sponge | 27 | gąbka |
| spoon | 30 | łyżka |
| spring | 116 | wiosna |
| spring onion | 61 | dymka |
| square | 130 | kwadrat |
| square root of | 135 | pierwiastek kwadratowy |
| squirrel | 20 | wiewiórka |
| stadium | 106 | stadion |
| stage | 109 | scena |
| stamp | 122 | znaczek |

| | | |
|---|---|---|
| staple remover | 123 | rozszywacz |
| stapler | 123 | zszywacz |
| staples | 123 | zszywki |
| star | 131 | gwiazda |
| starfish | 15 | rozgwiazda |
| statue | 108 | posąg |
| steak | 65 | befsztyk |
| steering wheel | 72 | kierownica |
| stem | 87 | łodyga |
| steps | 24 | schody |
| stone | 91 | kamień |
| stool | 28 | stołek |
| stopwatch | 107 | stoper |
| stork | 6 | bocian |
| strawberry | 55 | truskawka |
| stream | 90 | strumień |
| street | 80 | ulica |
| streetcar | 77 | tramwaj |
| stroller | 75 | wózek |
| submarine | 79 | okręt podwodny |
| sugar | 69 | cukier |
| suit | 38 | garnitur |
| suitcase | 43 | walizka |
| summer | 116 | lato |
| Sun | 98 | Słońce |
| sunflower | 86 | słonecznik |
| sunglasses | 45 | okulary przeciwsłoneczne |
| sunrise | 117 | wschód słońca |
| supermarket | 54 | supermarket |
| swallow | 6 | jaskółka |
| swan | 6 | łabędź |
| sweater | 39 | sweter |
| swimming | 107 | pływanie |
| swimming pool | 107 | basen |
| swimming trunks | 38 | kąpielówki |
| swimsuit | 38 | kostium kąpielowy |
| T— T-shirt | 39 | koszulka bawełniana |
| table tennis | 106 | tenis stołowy |
| tableware | 28 | naczynia stołowe |
| tadpole | 13 | kijanka |
| taekwondo | 103 | taekwondo |
| tail | 20 | ogon |
| tambourine | 112 | tamburyn |
| tape dispenser | 121 | dozownik taśmy |
| tape measure | 50 | taśma miernicza |
| tea | 71 | herbata |
| teapot | 31 | dzbanek do herbaty |
| teaspoon | 31 | łyżeczka do herbaty |
| telephone | 52 | telefon |
| telescope | 121 | teleskop |
| television | 37 | telewizor |
| ten | 126 | dziesięć |
| ten thousand | 126 | dziesięć tysięcy |
| tennis | 107 | tenis |
| tent | 107 | namiot |
| tenth | 126 | dziesiąty |
| theater | 109 | teatr |
| thigh | 21 | udo |
| third | 124 | trzeci |
| thirteen | 126 | trzynaście |
| thirteenth | 126 | trzynasty |
| thirty | 128 | trzydzieści |
| thirty-one | 128 | trzydzieści jeden |
| thread | 44 | nić |
| three | 124 | trzy |
| throat | 23 | gardło |
| thumb | 23 | kciuk |
| tie | 40 | krawat |
| tiger | 18 | tygrys |
| timpani | 112 | kotły |
| tire | 72 | opona |
| toad | 13 | ropucha |
| toast | 62 | grzanka |
| toaster | 35 | opiekacz |
| toe | 21 | palec u nogi |
| toilet | 27 | sedes |
| toilet paper | 27 | papier toaletowy |
| tomato | 59 | pomidor |
| toolbox | 58 | skrzynka na narzędzia |
| toothbrush | 46 | szczoteczka do zębów |
| toothpaste | 46 | pasta do zębów |
| torch | 50 | latarka |
| tornado | 95 | tornado |
| tortoise | 13 | żółw lądowy |
| tow truck | 73 | wóz holowniczy |
| towel | 27 | ręcznik |
| tracksuit | 38 | dres |
| tractor | 74 | traktor |
| traffic | 80 | ruch uliczny |
| traffic light | 75 | światło sygnalizatora |
| train | 77 | pociąg |
| transporter | 73 | platforma do przewożenia samochodów |
| tree | 87 | drzewo |
| triangle | 131 | trójkąt |
| trombone | 111 | puzon |
| trousers | 39 | spodnie |
| truck | 73 | ciężarówka |
| trumpet | 111 | trąbka |
| trunk | 72 | bagażnik |
| tuba | 111 | tuba |
| tulip | 85 | tulipan |
| tuning fork | 113 | kamerton |
| tunnel | 81 | tunel |
| turkey | 8 | indyk |
| turnip | 60 | rzepa |
| turtle | 15 | żółw wodny |
| tusk | 16 | cios |
| tweezers | 46 | pinceta |
| twelfth | 126 | dwunasty |
| twelve | 126 | dwanaście |
| twentieth | 128 | dwudziesty |
| twenty | 128 | dwadzieścia |
| twenty-first | 128 | dwudziesty pierwszy |
| twenty-one | 128 | dwadzieścia jeden |
| two | 124 | dwa |
| two hundred | 124 | dwieście |
| U— umbrella | 43 | parasol |
| underground | 77 | kolej podziemna |
| Uranus | 98 | Uran |
| V— vacuum cleaner | 37 | odkurzacz |

# Index   Indeks

| | | | |
|---|---|---:|---|
| | valley | 92 | dolina |
| | van | 73 | furgonetka |
| | vase | 33 | wazon |
| | Venus | 98 | Wenus |
| | video camera | 53 | kamera wideo |
| | vineyard | 86 | winnica |
| | violin | 113 | skrzypce |
| | volcano | 93 | wulkan |
| | volleyball | 105 | siatkówka |
| | vulture | 6 | sęp |
| **W** | wagon | 77 | wagon |
| | waist | 21 | pas |
| | walking stick | 43 | laska |
| | wall | 24 | mur |
| | wallet | 43 | portfel |
| | walnut | 65 | orzech włoski |
| | walrus | 15 | mors |
| | wardrobe | 26 | szafa |
| | washing machine | 37 | pralka |
| | wasp | 11 | osa |
| | waste basket | 123 | kosz na śmieci |
| | watch | 42 | zegarek |
| | water | 71 | woda |
| | water lily | 85 | lilia wodna |
| | water polo | 107 | piłka wodna |
| | water skiing | 106 | narciarstwo wodne |
| | waterfall | 100 | wodospad |
| | watermelon | 56 | arbuz |
| | watermill | 100 | młyn wodny |
| | wave | 100 | fala |
| | weed | 84 | chwast |
| | week | 115 | tydzień |
| | weightlifting | 102 | podnoszenie ciężarów |
| | whale | 14 | wieloryb |
| | wheat | 86 | pszenica |
| | wheel | 75 | koło |
| | wheelbarrow | 51 | taczka |
| | whistle | 123 | gwizdek |
| | white | 133 | biały |
| | wind | 95 | wiatr |
| | window | 24 | okno |
| | windscreen | 72 | przednia szyba |
| | windscreen wipers | 72 | wycieraczki przedniej szyby |
| | wing | 6 | skrzydło |
| | wing | 76 | skrzydło |
| | winter | 116 | zima |
| | wolf | 17 | wilk |
| | wood | 88 | drewno |
| | woodpecker | 6 | dzięcioł |
| | wrestling | 103 | zapasy |
| | wrist | 23 | nadgarstek |
| | writing pad | 123 | blok listowy |
| **Y** | yacht | 78 | jacht |
| | year | 115 | rok |
| | yellow | 132 | żółty |
| | yogurt | 70 | jogurt |
| | yolk | 66 | żółtko |
| **Z** | zebra | 19 | zebra |
| | zero | 129 | zero |
| | zipper | 44 | zamek błyskawiczny |